稼げる
ビジネス
英語

飯田健雄

IBCパブリッシング

装幀　　　　斉藤 啓 (ブッダプロダクションズ)

本文デザイン　コン トヨコ

編集協力　　久松 紀子

　本書を手にとったあなたに、三点だけお聞きしたいことがあります。一点目は、あなたが英会話を学んだ経験があるならば、その成果として毎年英会話の流暢さが増していますか。学習時間と比例して間断なくネイティブ・スピーカーと話ができるようになっていますか。または、TOEIC®試験のリピーターになっていませんか。毎年、何度もTOEIC®を受けて一喜一憂しながら、実際には英語を日常生活の中で使っていない悪循環にはまり込んではいないでしょうか。

　二点目は、英会話の学習を通じて、日本語が全く通じない外国企業に電話をかけられますか。海外出張で面会のアポがとれますか。オンラインで交渉ができますか。面会の約束や引き合いの英文をメールで書けますか。外国企業のオフィスで効果的にプレゼンを英語でこなし、質問に英語で答えられますか。

　最後に、英語学習があなたのビジネスに直結した成果を残しているでしょうか。これらの質問にイエスと答えられなければ、英会話を何年やっても投資の対価としての語学向上には跳ね返ってきません。このように、ビジネス英語の習得は、受験英語、英検、TOEIC®によく出る英会話の表現だけでは収拾がつかないのです。

　ではどうすればよいのでしょう。解決法はあります。「ビジネス英語」を学ぶことです。これにつきます。具体的には、アメリカ、イギリス、カナダ、オーストラリアといった英語圏の企業で頻繁に使われている日常英語（ビジネス英語）を丸暗記し、その一つ一つの表現を会話として成り立つように紡いでいくことです。そうすれば、あなたの英語能力は格段に向上します。もう一度申し上げます。英会話能力を向上させたければビジネス英語を学ぶことです。

しかし、ビジネス英語は一般的な英会話である世間話や社交的会話と違って、責任が常に付随しますから教え方は格段に難しくなります。これはネイティブ・スピーカーでも難しい作業です。その理由はバックグラウンドに時間管理、意思決定のテクニック、コーチングの応用、リーダーシップ論、コミュニケーション論（ロジカル・シンキング）の知識がなければビジネス英語の効率的演習も行えないからです。

　時代はめまぐるしく変わってきています。英会話は教養の一部であるとか、英検や TOEIC® で就職に有利な点数を稼ぎ出せばよいというのは過去の話です。もう10年もたたない近未来の経営戦略はビジネス英語を学んで Zoom や Webinar 等のオンラインでビジネスを展開するだけでなく、起業のチャンスや副業で所得を増やす時代となるでしょう。私の専門である国際経営においても、大企業では株式資本において純粋な日本企業は存在しません。日本国内で事業展開し、段階的に海外に販売・生産展開するよりも、ボーン・グローバルといって最初から海外にビジネスを起こす起業家精神にあふれた人々も増えてきました。

　そして、2020年は世界史上に残るようなコロナウイルスの世界的大流行により仕事の環境は激変しました。企業は2019年までの過去の経験をよりどころにした経営発想では、その存続はおぼつかないでしょう。テレワーク（Work from home）により英語での Eメール、オンライン会議等、実際の英語能力を縦横に駆使できる社員の評価が高まったと思われます。

　本書を読んで頂ければ、ビジネス英語を本格的に習得する時代に入っていることが実感できます。なお、本書の図や表も私が独自に作り上げました。ビジネス英語の学習効率向上という問題を理解しやすくするため、こうした図も役立ててください。あなたのビジネス英語に対する悩みが図解によって氷解するかもしれません。さらに、本書は英語の達人たちの英語力向上の成功体験を参考にしていますが、より客観的な説得力あるものとするために私の長年のビジネス英語研修から

得た知見および学術分野からの英語習得理論の研究成果も取り入れました。ポスト・コロナウイルスという海図なきビジネス環境をビジネス英語というコンパスで切り開いていきましょう。

もくじ

はじめに 3

第1章

ビジネスを成功させるための英語 13

「英会話」をやめよう... 15

ビジネス英語への誤解 16

ビジネス英語って何？ 17

「閉じたコミュニケーション」であるビジネス英語 18

ビジネス英語はやさしい... 19

ビジネス英語の諸類型 20

まずはビジネス英語の習得を徹底させる 21

ビジネス英語の四段階 22

コア戦略 23

第2章

英語学習の問題点 25

1 英会話学校と「英会話」... 27

英会話学校がつぶれないわけ... 27

英会話学校をやめた海外本部長... 27

頻出表現に標的を置こう... 28

受験英語だけでは英語は伸びない..................................... 31

文法中心の英語学習をやめよう... 32

「しぐさ」の英語が言えますか 33

2 英語学習の神話を考える 35

英語圏にいけば自動的に英語はうまくなるのか 35
ワーキング・ホリデーや短期留学が持つ意味 36
バイリンガルになるとはどういうことか 38
歳をとったら語学学習は難しいか 38
ある経営者が流暢な英語能力をつけた理由 39
喋れて書ける秘訣を教えてくれる業界人 40
聞き流すだけで英語をマスターできるか 41
シャドーイングは万能か 42
1000時間で英語はマスターできるか 43
「老人と海」のエピソード 44

3 日本語と英語の違い 45

日本語 ≠ 英語と心得る 45
日本語ができて、その次に英語なのか 47
自動翻訳で英語学習は不要になるか 48
思考プロセスという障害物にどう対処するか 50
英語空中分解症候群 50
日本語が上手いことが罠？ 52

4 様々な異文化間摩擦 53

外資系企業は日本の職場 53
謙遜しすぎはやめよう 54
英語にもダブル・スタンダードがある 55
文化的共感に気を配る 56
異文化間の共通項を探せ 57
準拠集団──日本人の集団的情緒性に注意 58
スピーチの軸は株主と業績賛歌でいこう 59

欧米企業に経営哲学はない.. 60

話題は現地志向で 61

情報の海で英語を鍛えよう.. 62

グローバルな情報の効用... 63

5 **TOEIC®／英検は英語力を測定するか**.......................... 65

TOEIC® スコアと英語のビジネススキルは別物........................ 65

英語が得意でないグローバル企業の社長............................... 66

TOEIC® 900 点以上でも喋れないわけ.................................. 66

TOEIC® 最大の矛盾点は経年劣化...................................... 68

第二言語習得論と民間試験... 69

人事部のジレンマ 70

第3章

ビジネス英語の実践

73

1 **職場での英語：良い例悪い例**................................... 75

専門業務の知識をマニュアル化せよ...................................... 75

自動翻訳の限界とは 76

スラングは覚える必要なし.. 78

完璧さに憑りつかれない... 79

短い文章でゆっくり話す.. 79

周囲と比較するな 80

ファースト・ネームに慣れる... 81

「ペラペラ」神話に惑わされるな.. 82

Is there おばさんの快挙.. 83

発音でヘコむな 83

アクセントには注意しよう.. 85

文法に固執するな 86

それでも文法にこだわりたいなら... 87

短縮形は英語に慣れてから...88

冠詞や複数形に神経質にならない.....................................88

気軽な言葉に気をつける...89

自分が使ったことのある表現を使おう.................................90

電子辞書を持ち歩こう...91

とにかく場数を踏もう...93

2 ビジネス英語で人間関係を向上させる 94

コーチングのテクニックを覚えよう...................................94

すり合わせの技術...95

動機づけをする質問...96

肯定的表現を使おう...97

相手の自律性を尊重しよう...99

あいづち英語表現は人間関係を深める極意............................100

感情的なつながりを意識した表現を使ってみよう 101

相手の術中に陥らない切り返し方....................................102

怒るのはタブー..104

「英語」を超えた交渉の掟..105

3 電話の英語は恐れるに足らず 106

電話は定型表現で対応できる..106

オペレーターが最初の難関..107

それでも自信がなかったら..108

交渉やクレーム処理は電話以外で処処................................109

4 会議で存在感を高めよう 109

英語会議の意味とは..109

ファシリテーターになろう..110

沈黙はタブー..112

居眠りと副業も不可..112

KY回避もほどほどに 113

アイコンタクトの重視 114

Yes と No をはっきり言おう 115

ダメモトの要求への対処法...115

会議は戦場 116

対人関係能力を磨こう 117

論理展開の表現を身につける 118

オンラインのビジネス英語 119

5 英語プレゼンテーションで信頼を勝ち取る 120

プレゼンは発表会ではない 120

起承転結のストーリーでは通じない 120

「みなさん、ありがとう」を忘れるな 121

言い訳から入るのをやめる 122

ボディ・ランゲージの威力 123

聴衆の注意を引くテクニック 124

ジョークはやめた方がいい 126

プレゼンは終わってからが本番 126

VTRで必ず確認しよう 127

6 ライティングを克服しよう 128

英語は階級語 128

なぜ英語の原著は翻訳本より薄いのか 129

A4の紙1枚の秘密 131

ライティングは英語の中で一番難しい 132

英作文と英文ビジネスEメールの違い 133

口語と書き言葉の違い 134

ブロークン・イングリッシュは通じない 135

文章を盗め 135

「強調したいこと」から英文を作り上げる 136

Eメールの文章を直されたら 137

時候の挨拶は要らない 138

文章の繰り返しは避ける..............................138

長い文章は二文に分ける 139

返信という確認事項 140

手紙の結語に注意 141

7 **効率のあがる学習をめざして** 142

高校・大学受験のテキストは意味がない...............142

NHK 教材を使おう 142

「腹筋」、「逆上がり」に当たる英単語は覚えるべきか 143

ネイティブ・スピーカーに習うなら...................144

最悪のテキストは経営学のケーススタディ 144

ビジネス英語のテキストは数冊でよい 145

インターネット・雑誌・小説・マンガの学習効果.............146

映画の効用 147

8 **ビジネス英語の社員研修を考える** 148

経営者の課題・人材開発部の責務....................148

肌で国際化を感じさせる 149

効率的な研修の人数 150

効率のよいグループレッスンのために...............151

日本人同士の演習の陥穽...............................152

テキストの選び方 152

良い講師の見分け方・育て方.........................153

解雇それとも再教育？ 155

受講者の動機づけをどう向上させるか...............156

脳科学からの接近 158

ビジネス英語研修は1年まで 159

企業において TOEIC® をどう活用するか 159

英語研修をいつ、だれに行うか.......................160

オンライン研修における講師の役割...................161

第4章

英語ができるのではなく、英語で何ができるか   163

真のグローバル人材育成のための大学入試...........................165
大学でビジネス英語を教えるならば.................................166
英語教育の未来...167
ビジネス英語は、英語でビジネスをするためのツール...........168

終章

稼ぐ力はビジネス英語から   171

英語は金なり...173
限りないビジネス英語の需要.......................................174
急増する越境 EC..176
インバウンド客の拡大...176
多言語社会の到来...177
副業の拡大...178
外資系企業への就職...179
退職後の所得を増やす...180
英語で稼ぐこれからの働き方.......................................182

参考文献...184

第1章

ビジネスを
成功させるための
英語

▌「英会話」をやめよう

　現在、日本人の多くの人が英語不安症という語学上の病にかかり、YouTubeや英語の達人といわれる人々のブログを頼りに英語学習をしたり、高い教材費を払いながら英会話学校に通っていたりするのではないでしょうか。

英語不安症とは、いろいろな症状があります。第一に、英語を勉強するとしても、どこから始めてよいのかわからない症状。第二に、英語を勉強しているにもかかわらず、本当にネイティブ・スピーカーに通じるのか、実際、通じているのか、さらには間違ってずっと喋ってきたのではないかという気持ちでモティベーションを下げている症状。第三に、ネイティブと仕事上で本論に入ることが怖く、自分の仕事とは関連性のない表現をだらだらと覚えつづけている症状です。このような人たちは、ちょっとした学習上の不安のために、英語にコンプレックスを持ってしまい英語の学習にブレーキをかけてしまうかやめてしまう傾向があります。

　では、どれだけ喋れれば英会話は「マスター」できるのでしょうか。「マスター」というのはここでは曲りなりにも喋れるとしておきましょう。英「会話」というくらいですから、英語の中でもスピーキングが主体です。私たちは日本語で会話する時でさえ国際政治、文化、家庭内問題、企業の動向についてすべての知識を持ち合わせていません。さらに英語の上級までマスターしたとしても誰を相手に喋ればいいのでしょうか。あなたの近くに、アルツハイマーの病理、パレスティナ問題、地球温暖化、コロナウイルスの災禍の話題を英語で話してくれる人はいるでしょうか。カフカの有名な小説の「城」のように、城は見えるがどうしても辿り着けない状況といってよいかも知れません。

　このような理由で、私は単に英会話を習得するよりも、より実利的な面から英語を学習していった方が、動機づけも上がるし英語能力も伸びると思っています。英語で起業するところまではいかないまでも、

ビジネス英語を習得した方が、日常生活の場面でより英語を使う機会が増え、英語力向上にも役立つのです。

ビジネス英語への誤解

「英語がうまくなりたいならば、英会話ではなくて、ビジネス英語からはじめろ」とはどういうことかと首をかしげる読者も多いはずです。

大学でも「ビジネス英語」という科目を設置しているところも多く存在します。しかし、大学の先生自身がビジネス英語を一般英会話より難しいと判断してしまう傾向があります。恐らく、この理由は英語を教える先生方自身にあるかと思います。一点目として、英語圏の文化や言語学が専門でビジネスにはなじみがない。二点目として、一般生活の英会話に特化したクラス運営の方が学生も解りやすくお互い負担もそれほどないと感じている。三点目としては、外資系企業や海外の企業で働いた経験がほとんどないためにビジネス英語の教育に二の足を踏んでしまうという理由からくるのかもしれません。

また、英会話学校でもビジネス英語というと確かに受講料が高額です。英会話学校ではビジネス英語の料金が日常会話クラスより高い受講料を取るため、ハイクラスなイメージを持ちます。高い料金設定で受講希望者は英会話学校の門を叩くのを躊躇してしまいます。さらに、英会話学校自体が難解な経営学用語を使用するテキストを教材としている傾向もあるため、入門者・初級者には最初から頓挫する人も存在します。

加えて、テキスト自体がさらなる誤解を生んでいます。理由は三点ほどあります。一点目は、執筆者がネイティブ・スピーカー、教材がアメリカ、イギリスで刊行されたものであり、話題がアメリカ、イギリスに限定されていること。そしてビジネスだけに絞られているのではなく、アメリカ、イギリスの経営文化を扱っているからです。そのため、日本の経営組織風土・商習慣の話題は省かれているか、あまり

多くとりあげられていません。二点目は、テキストには、トレンディな経営の英語表現が使用されているからです。聞きなれないジャーゴン（業界用語）も多くありますし、スラングも取り入れられています。三点目は、MBAの授業を基本とした経営学用語を駆使した構成になっているテキストも存在します。このようなハードルの高さのために、ビジネス英語は難しいと結論づけ英会話中心の学習方法を選ぶ人々が多いわけです。

ビジネス英語って何？

　多くの英会話学校では、ビジネス英語のコースも取り入れています。では、「ビジネス英語」とは仕事で使う英語でしょうか。単にこう括ってしまうと大雑把すぎますが、それならば普通の日常英会話とはどこが決定的に違うのでしょうか。

　まず、ビジネス英語という英語のカテゴリーを考えてみましょう。これを理解することでビジネス英語と一般英会話との違いが理解できると思います。一般の英会話は、自分の周りを受動的に説明し叙述する英語です。自分や家族、学校の紹介から始めることが多いでしょう。一方、ビジネス英語とは実に能動的で、自分から周囲に関わりあい環境を変えていく英語なのです。会議で自分の意見を主張したり、同僚や部下を納得させたり、製品を説明したり取引先とやり合って Win-Win の条件に持っていくための英語です。

　すなわち、ビジネス英語は、単に英文法規則に縛られながら確実な英語表現を習得するものではありません。実務的課題を解決していく英語表現を習得していくものなのです。英語習得教授法でも注目されている、タスク・ベース（目標─解決志向）の実践的勉強がビジネス英語です。経営学の全般の知識などは必要でなく、実務に関連する英語を即効で習得したい人々にとって、ビジネス英語こそが役立つのです。

「閉じたコミュニケーション」であるビジネス英語

　ビジネス英語では、話題が無限に変転する一般の英会話と違って、信義や責任が発生します。さらに重要な事は、ビジネス英語は、業務の遂行を第一目標とする「閉じたコミュニケーション」であり、内容は、本人のほか、上司、同僚、部下、サプライヤー、顧客の間でしか理解しえないブラック・ボックスの領域が大きいのです。このため、英語の日常的知識を総動員しても、プレゼンがうまくいかなかったり、交渉が暗礁に乗り上げたり、些細なコミュニケーションレベルであっても仕事の段取りに失敗したりしてしまうのです。

　要は、基礎的なコミュニケーション・ツールである「ビジネス英語」の外側に、ビジネスを推進させる原動力が隠されているのです。英語をコアとして、大なり小なり利害関係があるネイティブ・スピーカー相手にビジネスを展開・遂行していく英語が本来の「ビジネス英語」です。

図1　一般英会話とビジネス英語の違い (1)

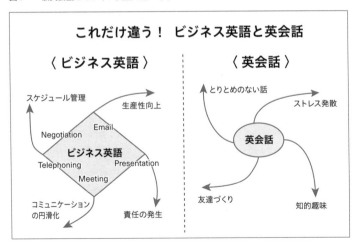

18

図2　一般英会話とビジネス英語の違い (2)

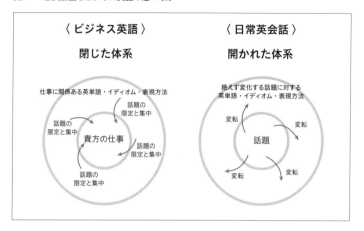

ビジネス英語はやさしい

　本書は、従来ビジネス英語のクラスでは「当然のこと」として扱われない、ブラック・ボックスの領域に主眼をあてたものです。この部分は、純然たる英語のボキャブラリーや表現のみを教える「英語屋さん」にとっては、やや勝手が違う「摩訶不思議」なる領域かもしれません。しかし、ここを押さえれば、あなたの仕事の効率性は、英語を通して疑いなく増していくでしょう。

　TOEIC® で高得点を取っている方々は、英語の能力の高さだけでは英語を使ったビジネスをやっていけないことを実感すべきです。一方、TOEIC® の点数が低くても、ブラック・ボックスの部分を理解すれば、さほど英語コンプレックスに陥ることなく、業務をはかどらせることが可能であると理解すべきでしょう。換言すれば TOEIC® は英語能力を伸ばしてくれますが、状況が固定され、その設定の中で細部にわたる問題の選択肢を選ぶ知的訓練です。一方、ビジネス英語はたえず変わりゆく業務状況をみずから切り開き、と同時に自ら問題を解決して

いく知的訓練なのです。

　こうしてみれば、ビジネス英語は英会話よりずっとやさしいということが理解でき、本書を読み進めるにつれてわかってくると思います。通勤途中や寝床の中でも気楽な感じで本書をお読み頂き、読者のみなさんが新しい視点でビジネス英語について自分を動機づけてくれたら著者として望外の喜びです。

ビジネス英語の諸類型

　ビジネス英語といってもいろいろな領域があります。コミュニケーション系、MBA系、異文化経営系、社交的英会話です。もっとも重要な領域はコミュニケーション系であり、あとの領域は二次的なものです。NHKの初級英会話では社交系のビジネス英語、上級では海外情報系が焦点にあてられる傾向が多いようです。不思議なことに講座の中ではコミュニケーション系の内容はあまり扱われません。

図3　ビジネス英語の諸類型

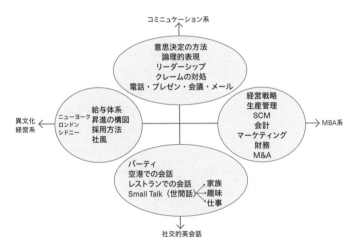

まずはビジネス英語の習得を徹底させる

　英語学習も30歳をすぎたらビジネス英語に力を入れ、それをご自身のビジネススキルの一部として取り入れた方がいいでしょう。英語学校は主として日常英会話（スモール・トーク）を教えるところですから、ここにいくら金と時間を費やしても、入門・初級程度のビジネス英語しかできるようにはなりません。

　ここに引用しましたが、TOEIC®には Proficiency Scale という TOEIC® スコアとコミュニケーション能力レベルとの相関表があります。この表の中に、電話、メール、プレゼン、交渉でのコミュニケーションという段階について記載すべきと私は思っています。

表1　TOEIC® による英語能力のガイドライン

レベル	スコア	評価（ガイドライン）
A	860	Non-Native として十分なコミュニケーションができる。 自己の経験の範囲内では、専門外の分野の話題に対しても十分な理解とふさわしい表現ができる。Native Speaker の域には一歩隔たりがあるとはいえ、語彙・文法・構文のいずれをも正確に把握し、流暢に駆使する力を持っている。
B	760	どんな状況でも適切なコミュニケーションができる素地を備えている。 通常会話は完全に理解でき、応答もはやい。話題が特定分野にわたっても、対応できる力を持っている。業務上も大きな支障はない。正確さと流暢さに個人差があり、文法・構文上の誤りが見受けられる場合もあるが、意思疎通を妨げるほどではない。
C	470	日常生活のニーズを充足し、限定された範囲内では 業務上のコミュニケーションができる。 通常会話であれば、要点を理解し、応答にも支障はない。複雑な場面における的確な対応や意思疎通になると、巧拙の差が見られる。基本的な文法・構文は身についており、表現力の不足はあっても、ともかく自己の意思を伝える語彙を備えている。
D	220	通常会話で最低限のコミュニケーションができる。 ゆっくり話してもらうか、繰り返しや言い換えをしてもらえば、簡単な会話は理解できる。身近な話題であれば応答も可能である。語彙・文法・構文ともに不十分なところは多いが、相手が Non-Native に特別な配慮をしてくれる場合には、意思疎通をはかることができる。
E		コミュニケーションができるまでに至っていない。 単純な会話をゆっくり話してもらっても、部分的にしか理解できない。断片的に単語を並べる程度で、実質的な意思疎通の役には立たない。

出典：https://www.iibc-global.org/library/default/toeic/official_data/lr/pdf/proficiency.pdf

ビジネス英語を学ぶことで、リーディング、リスニング、ライティング、スピーキングをすべてカバーしながらその実戦的対応性を確認できます。「実践」ではなく「実戦」ということで戦闘機に例えるならば、TOEIC®で900以上を達成した場合、パイロットは一応、離陸、飛行、着陸ができるようになったけれども、戦闘状態を仮定した実戦訓練ができていない状態といってよいでしょう。一方、ビジネス英語は「実戦」すなわち、実際にビジネスという「戦いの現場」に特化しているのです。

ビジネス英語の四段階

　前述したように、TOEIC®にも、点数ごとにどれだけの英語力が必要なのかを示した表があります。これに照らして言うなら、ビジネス英語の入門（電話の英語・プレゼンテーション・会議・初歩のビジネスEメール）を学習し、ビジネス英語の初級、特にクレーム対応や意思決定をマスターすれば、TOEIC®で言うBレベルにたどり着けると思います。なぜなら、ビジネス英語の中級・上級というのは、一般の「英会話」を収斂する学習内容だからです。TOEIC®スコアのBレベル、730点以上のガイドラインには、微妙な表現ですが「どんな状況でもコミュニケーションができる素地がある」と指摘してあります。どのくらいの英語力の質と量をもっての評価基準なのかと疑問が湧きますが、「Non-Nativeとして十分なコミュニケーションができる」と記されています。

　このレベルまで到達したい人は数多くいることと推察します。しかし、ビジネス英語で約1年のインテンシブな勉学を積めば、語学面でのグローバル人材の素養は完璧に近くなるでしょう。しかし、現在の英語試験では実際に現場で使うビジネス英語という現実的要請が存在しないために「試験のための試験」と化しており、ややもすると教養主義に流れています。その結果、獲得した知識が実践の場で使われるこ

となく、やがては錆びつき持ち腐れてしまうことが多いのではないでしょうか。

　私の考案した「ビジネス英語の四段階」では、入門と初級では、各人の仕事に関連し、業務に特化した英語しか必要ではありません。その代わり、これは日々の業務で日常的に用いるアウトプットする英語です。常に仕事についてまわる英語なので忘れるどころか完全に身に付くもので、だからこそ関連したボキャブラリーや表現も覚えやすく、容易に次の段階へと発展していけるのです。

表2　ビジネス英語の四段階

上級	政治・経済・文化をネイティブと対等に話せる	多くのボキャブラリーの必要性
中級	スモールトークをネイティブと対等に話せる	
初級	人間関係・交渉・クレーム対応・意思決定・サービス対応の表現を学ぶ	限定された専門性の高いボキャブラリーの必要性
入門	ビジネス英語特有の表現を学ぶ（Eメール・電話応対・会議・プレゼンテーション）	

コア戦略

　コア戦略とは、上記に示された「入門」のビジネス英語特有の表現（「コア」と呼びます）と、あなたの日常業務の会話表現を習得することです。一例を言えば、アメリカのホテル業界であなたが働くなら、Eメール、電話応対、会議、プレゼンの基本を習得して、次にホテル業界の基本用語を覚えることです。コア戦略でEメール、会議、電話応対、プレゼンの英語に慣れてきたら、より高度な経営に関わる交渉、リーダーシップ、意思決定の英語の基本がそれに加わってきます。

　天気、スポーツ、映画、音楽、ゴシップ等のスモール・トーク（世間話）や政治・経済・文化の話は副次的なものです。コア（中核部分）がビジネス英語の主軸です。入門レベルはまずコアに傾注して、英会話の中心にあるスモール・トークや高度の洗練された政治経済の話題

は無視してもよいのです。こうした副次的部分は、コアをしっかりさせていれば、職場環境の中でゆっくり身についていきます。

　語彙の習得には Intentional learning（意図的習得）と Incidental learning（付随的習得）があるそうですが（小松達也『英語で話すヒント──通訳者が教える上達法』岩波新書2012年150ページ）、ビジネス英語学習全体から見ても、コアなものと付随的・第二次的なものがあるように思います。ここでは、ビジネス英語の表現習得に使用する語彙がIntentional learningであるコアを形成します。英語であればどんな単語でも表現でも覚えようとする学習態度は、非効率です。

図4　コア戦略のイメージ

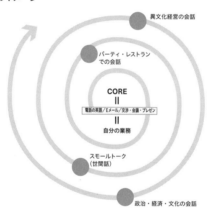

この図で示したように、コア戦略では、電話応対表現と、Eメール、会議・プレゼンの基礎表現を完全に理解した上で自分の業務と結び付けていきます。その後にゆっくりと、レストランでの注文、スモール・トークとしてのゴシップ、海外子会社の経営（異文化経営）、そして最上級のトピックとして、国際的な政治・経済・文化の話に表現を紡いでいけばいいのです。

第2章

英語学習の
問題点

1 英会話学校と「英会話」

英会話学校がつぶれないわけ

　英会話学校は日本にごまんとありますが、放漫経営の場合は別として、つぶれた話はあまり聞きません。理由を考えてみると、次のような仮説が成り立ちます。今週はアメリカ大統領選挙の話、来週はプロ野球の話、その次は歌舞伎、そして落語と途切れることなく、話題が続くからです。話題をずっと違うものにしていけば英会話教室は安泰です。

　しかし、ここに大きな問題も潜んでいます。その話題の中身です。アメリカの国務長官は英語でなんというのでしょう。プロ野球で、監督、三振、犠牲フライ、二塁打はどのように言うのでしょうか。落語の高座や真打ち、話のオチはなんというのでしょうか。歌舞伎の演目の内容を説明できるでしょうか。

　このように、日本のなんとなく使われている日常の会話（趣味・家族・ゴシップ等々）を英語で喋る時、会話で使われるボキャブラリーがとてつもなく難しくなります。アップル日本法人代表取締役社長であった山元賢治氏が『人生を変える英語力』（大和書房　小林麻亜耶氏との共著2016年）で喝破しているように、「日常会話」が一番難しいのです。英会話学校で仮にこのような表現を習得したとしても、「日常生活」に、それを使う機会は一体全体存在するのでしょうか。すべての「日常会話」は、英語学校の一コマの授業の中で消えてしまうのではないでしょうか。

英会話学校をやめた海外本部長

　ここで、一つのエピソードを紹介しましょう。もう10年以上も前ですが、私は神奈川県の茅ヶ崎市に住んでいました。ある晩、バスの中

で妻のPTAを通して知り合いになった大手のヘルス・ケア会社の部長さんと顔を合わせました。大手英会話教室で3年間英会話を続けていた方です。他愛のない話の中で、私は「ところで英会話の方はどうですか」とお聞きしたところ、この部長さんは「やめてしまった」と答えました。「その理由は？」と尋ねると、日本の文化等の紹介については役に立ったが、結局はビジネスに直結できる成果はなかったということでした。

　結局のところ、私は諦観にも似た彼の言葉を聞いて、単なる英会話とビジネス英語はその方向性が全く違うものとつくづく実感しました。すなわち、全く自分のビジネスに関係のない単語や表現を努力して覚え、それが実力となっていると勘違いしている方も多いのです。このような状況に入ったら、なかなか、そこから脱け出すことができなくなります。

　ビジネスに役立てようと英会話学校に行く方も多いと思います。ビジネス英語を学習しようと思っていたのに、気づいたら違うことをやっていたということになってしまうこともあります。というのは、ビジネス英語の学習というのはやや険しい山登りと同じです。山の稜線を歩いているつもりでも、話題を広げすぎた結果、多様で興味深いけれどビジネス表現とは関係ない知識ばかりを習得するという沢に紛れ込む可能性も大いにあるのです。こうなると、最終的に費用対効果を考えれば損失の方が大きく、失望感を味わうはめになります。ビジネスのための英語を覚えるなら、すべての話題をものにしようとする「英会話」ではなく「ビジネス英語」に特化しましょう。

頻出表現に標的を置こう

　読者のみなさんに、英語学習について日本人の学習に深くしみ込んでいる、けれども誤った学習のお話をします。受験では「富士山は日本で一番高い山です」または、英会話では、よく「春の次の季節はなん

ですか」という英語表現を覚えさせられますが、みなさんは、日本語の次元でも友達や同僚とこのような会話をしたことがありますか。英会話学校では、「禅の本質」とか「歌舞伎とは何か」を口頭発表させられますが、居酒屋で同僚と狂言や歌舞伎の話を日常的にするでしょうか。しないのであれば、日常会話でほとんど使われることのない、頻度の低い表現を英語学習とみなして無駄な時間を使っているのです。英会話を教養の次元で終わらせずビジネスの次元に置けば、英語に対するモティベーションはずっと上がります。

　さて、ここで「パレートの法則」に言及します。「パレートの法則」とはご存じの方も多いと思いますが、ある事象につき、全体の数値の20%からその主な活動が生み出されているという法則です。「80：20の法則」などと呼ばれることもあります。ビジネス英語にもこれが当てはまるのです。次の図をご覧ください。

図5　ビジネス英語のパレートの法則

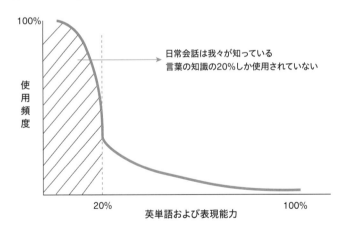

あなたが持っているすべての英単語および表現能力を100%とすると、このうち20%の語および表現しか使っていないのです。言い方を

変えれば、日常生活においては、自分が知っている英語のうち20%あれば事足りるということになります。逆に言えば、80%のシチュエーションにおいては、この20%を十全に使えるようになれば、それだけで対処できるのです。

　ですから、この20%を厳選して、英語圏で使われている使用頻度の高い英語表現を学びましょう。大学受験やTOEIC®で高得点を獲得するために、多くの「頻出単語集」が出版されています。しかし、不思議なことに、英会話には職場での「頻出表現集」というタイトルの本は皆無に近いといってよいでしょう。逆に、「この日本語（表現）は英語ではなんというでしょう」といった、日常あまり使われない英語表現を強調した本が売れているのが摩訶不思議です。

　ここに、ビジネス英語習得と英会話上達法との違いを解く鍵があるのです。ビジネスで頻繁に使用される表現を暗記し、それら一つひとつの表現を関連づける学習行為に焦点をおきましょう。特にあなたの組織内での仕事に直結した英語を学びましょう。この学習方法こそが、ビジネス英語、すなわちビジネスで使う英語力を飛躍的に伸ばす原動力なのです。

　具体的に例を挙げます。英語圏では日常的に使われるのに、日本では読んだり聞いたりする機会が少ない表現があります。たとえば、次のフレーズがそうです。

Who is it?
誰かがドアをノックした時、（誰？）

What is it?
相手に対して喧嘩腰になる時（なんだよ！）

I'll get it.
電話が鳴っている時、　私が（電話に）でるよ。

いずれも、英語圏では日常の仕事でよく使用される表現です。しかし、これがスラっとでてくる人は日本にあまり多くないでしょう。実は、これらの表現を覚えていくことが重要なのです。

受験英語だけでは英語は伸びない

　日本人の多くに共通する英語学習への誤解があります。その一つは、受験の時に使用した教科書・参考書だけで、英語を習得した気分に陥ってしまうことです。英語圏の人々は毎日英語のテレビをみたりラジオを聴いたり、WEBの新聞を読み、YouTubeやポッドキャストで音楽や朗読を聴き、英語で会話し、英語でメールを書いています。極論すれば、毎日、英語を反復学習しているわけです。一方、日本人は受験が終わると英語の力は立ちどころに落ちていきます。これでは、英語力が伸びるわけがありません。次の文を見てください。

Mt. Fuji is the highest mountain in Japan.
富士山は日本で一番高い山である。

There is a big house near the pond.
池の近くに大きな家があります。

　みなさんは、このような比較級や there is の定型構文をどんな日常生活の状況で使うのでしょうか。形容詞の最上級や受験英語の頻出表現を毎日、いや一週間に一度でも使用したことがあるでしょうか。しないのであれば、こうした受験英語を思い出して覚え直したり、受験用の参考書で勉強し直したりすることは無駄な努力です。

　ビジネス英語は業務に直結しなければなりません。受験英語では人の心に飛び込んでいける、または人を引き付けるような英語は学べません。中学・高校、さらに大学と計10年学んでも、英語が話せない、

書けない状況という事実が、受験英語の弊害を証明しているからです。このような批判は高まっています。せいぜい試験での正誤問題に強いが、実践に役立たない教養としての英語を学んでいるにすぎません。

　受験業界の内部でも、実際に英語圏の人々が書いたり話している英語と受験英語とは違うという認識が高まっています。従来は、受験英語は受験だけのものであり、英語圏で実際、頻繁に話されている英語は別物として扱われていました。しかし現在は、この区別がなくなりつつあります。真のグローバル人材を育てるためには、子ども時代から実地に即した英語力を身に付けさせようという方向で動いています。しかし、民間試験導入の延期にも見られるように、現在これは暗中模索の状態で解決に至っておりません。

▍文法中心の英語学習をやめよう

　あなたの英会話学習が文法にのみ呪縛されていたら、英会話が急速に上手になっていくことはまず無理でしょう。次の文を見てください。

　　I love you.　←現在形での能動態

　　You are loved by me.　←現在形での受動態

　どうでしょう。I love you.という愛の告白を英語圏の人々は受動態では使わないのです。これらは単なる受動態という文法項目を覚えるために「受動態と能動態の入れ替え」で教わった方法であるにすぎません。これらの表現を文法の枠内で使おうとすると、上記のような文法的側面からみて完璧ですが、実際に英語圏では使われない表現なのです。繰り返しますが、英文法の枠内で英語表現を学ぶということは、日本語の感覚から抜けきれず、実際に使われている文かどうかも考えず、単に「文法に即して作った英文」を覚えていくことを意味します。

私にはこの件でとても苦い思い出があります。博士論文でオーストラリアの企業を回り、テープレコーダー（死語？）で英語でのインタビューの文字起こしをして自分なりに英文にまとめたのですが、指導教官から「本当にインタビューしたのか。相手はここに書かれているように喋ったのか？このような英語表現はない！」ときつく言われて途方にくれていたことがあります。

　とにかく、重要なのは、英文法と英会話表現は別個のものと割り切って考えることです。時々、私も中高年のサラリーマンの方々が高校時代に買った英文法の教科書を電車の中で読んでいるのを見かけますが、英会話のためにやっているのなら、それは時間の無駄と言ってよいでしょう。

■ 「しぐさ」の英語が言えますか

　日常生活において、日本人の英語が英語圏で話されている英語とどれだけかけ離れているか。その一つの指標が、体の「しぐさ」の英語です。読者のみなさんは、次の表現がすぐに口から出てきますか。

Interlock your fingers and stretch your arms above your head.
手を組み合わせて、腕を頭の上で伸ばして。

Blow on your right index finger.
右手の人差し指に息を吹きかけて。

Exhale. Inhale.
大きく息を吐いて、大きく息を吸って。

Cross your legs and bend over.
足を交差させて前かがみになって。

Grab the ball and roll it on the desk.

ボールを掴んで机の上で転がして。

Rotate your waist clockwise.

腰を右方向に回して。

Step forward, step back and sidestep.

足を一歩前、足を一歩後ろ、一歩、足を横へ。

　どうでしょう。これらは英語圏では当たり前の表現ですが、日本人ですぐにすべて言えるとなれば、すごい実力の持ち主でしょう。日本人はこうした身の回りの「しぐさ」の英語は不得手のように思えます。これは、日本人の英語学習が日常生活に根付いていない証拠です。

　私は認知症予防のため、デュアル・タスクと称して英語を使って身体動作をするワークショップを5年ほど主宰していますが、80歳近くの男性がワークショップ終了後、私に話しかけにきて、家にいる孫に向かって「お前はすべての指の呼称を言えるか」と尋ねたところ、孫から「そういう英語は絶対に受験に出ない」と一蹴されたエピソードを教えてくれました。日常生活を営む上でかかせない、「しぐさ」の英語ができないままで、日本の英語教育界で声高く叫ばれている日常英会話とは一体なんなのでしょうか。

2 英語学習の神話を考える

英語圏にいけば自動的に英語はうまくなるのか

　ここでは、英語圏に長期滞在・留学しているだけでは英語を上達させることは難しいというエピソードを述べます。私は、1970年代の後半から1980年代の前半まで7年近くオーストラリアに滞在していました。その時、アルバイトをしていた日本レストランで印象深い体験があります。そこで働いていたウェイトレスの方の多くが戦争花嫁で、終戦後に日本に駐留したオーストラリア兵と恋に落ちオーストラリアに渡った方々でした。彼女らにとって結婚してから30年以上の月日が流れていたと思います。

　しかし、彼女らはオーストラリア人と結婚していても、英語がほとんど話せませんでした。まさに片言のブロークン・イングリッシュであり、旦那さんとは身振り手振りがほとんどの会話でした。もちろん自分の子どもとも英語では会話できません。まるで、『ベティさんの庭』（山本道子著・第68回芥川賞受賞・1973年）を地でゆくような光景でした。この小説の主人公「ベティ」は日本人女性です。オーストラリア人と結婚して、語学学習をするならば理想的であるオーストラリアの田舎で暮らしているのですが、全く英語が喋れないのです。否、英語を覚えようとしていませんでした。

　留学中の別の話としては、オーストラリアの学生と同棲をした日本人女子学生がいました。1年後に会って彼女に英語の上達具合を聞いてみると、それほど上手くなっていないということでした。彼氏との話は料理、買い物や結婚の話題に限定され、政治・経済などの高尚な話をする機会はとてもないし、そのような話は彼が嫌がるといっていました。

　さらにもう一つ面白い体験があります。オーストラリア時代の知り合いで、現在70代後半の方がオーストラリアで一人暮らししています。

この方は、ヤフーなどの日本のウェブサイトしか見ず、オーストラリアに居ながらも日本で暮らしている錯覚に陥るということでした。まさに、ベネディクト・アンダーソンが述べたような『想像の共同体』であり、日本語のインターネットを通じて、外国にいても日本の人々と日々つながっているようなものです。

　このように英語圏に住めば、現地の人々と自然と会話がはずみ英語力が上がるような知人・友達を簡単につくれるでしょうか。これは思ったほど簡単ではありません。知人・友達というのは、同じ文化の中にいて、同じ規範を守りながら、同じ環境の中で、流行の歌、お笑い、生き方が共通していないとできないからです。異なった文化圏同士の人々が一瞬で知人にはなれるかもしれませんが、異文化の壁とそれに付随する複雑な会話力を前提とする真の友達作りは難しいのです。

　ここまでいろいろエピソードを述べてきましたが、英語圏にいるだけで英語は自動的に上達していくという考えは、あまりに楽観的すぎるか誤解ともいえます。英語圏での長期滞在・留学は英語上達の確実な必要条件ですが、十分条件ではありません。英語を覚えようとする意志と継続性がなければ、語学学習は一定の成果を得ることはできません。毎日かかさず三度の食事をとるように、語学学習は習慣化させていくべきです。英語圏に居住していてさえ、できるだけ英語に接するような環境をつくるべきです。留学先で、英語の喋れない日本人の若者は日本人同士で外国の都市でたむろし、LINEやメッセンジャーを通して日本語を使いながら怠惰な日常生活を送ってしまうという最悪の結果もあるのです。日本人同士で留学生活を満喫していたら、効果的な成果がでる英語学習など身につくはずもありません。

ワーキング・ホリデーや短期留学が持つ意味

　30〜40年前、日本で「海外遊学」という言葉がはやりました。「遊学」は本来、故郷を離れて、別の土地や国で勉強するという意味の言

葉ですが、この流行語は「海外に留学し、遊びながら学ぶ」といった意味でした。これは言い得て妙です。まさに、短期留学・ワーキング・ホリデー体験というのは、英語を勉強したり覚えたりというよりも、現地の文化を知り、慣れることが主体です。従って、英語が格段に上達することはありません。

　ワーキング・ホリデーで外国にいく人に対する現地の需要は、日本人レストランや日本人が経営する居酒屋が主体です。経営者側は、日本語ができる人を募集しているのです。私はメルボルンに留学していた学生時代、レバノン人経営の土産屋でバイトをした経験があります。このように外国人経営のお店でアルバイトするにしても、単純なマニュアルに従って、複雑なコミュニケーションをほとんど必要としない単純作業かもしれません。

　英語学習に役立てるためにどうしても現地経営の企業で仕事をしたいのであれば、よほどの覚悟を持って、現地の経営者に熱い思いをぶつけて面接に臨むことです。それでも欧米圏では、職場の同僚や上司の英語が理解できるくらいの英語力、若さ・やる気以上の経験の有無が重視されますから、応募したい職種に適合した語学力・関連する業務経験がない場合に採用されることは稀でしょう。

　さらに現在では、アルバイトでもオンラインからの採用ですし、英文レジュメ（履歴書）も必要ですので、申し込む時点から英語力を試されます。働きたいお店に飛び込みで履歴のレジュメを配るといった策はほとんど功を奏しません。現地の会社との就職交渉で、最初は無給でいいからと懇願しても法律が許しません。ワーキング・ホリデーで本格的な英語学習というのは、なかなか難しいと言っていいでしょう。

　また、現在、多くの日本の大学で短期留学を実施しています。この目的は海外の文化に触れることと、現地で数ヵ月の英語の授業を受けて単位を授与するといったものでしょう。重点は、異文化を知ることに置かれています。私は、これを全く否定するものではありません。この体験を経て、さらなる英語上達の動機づけになるからです。10

代、20代のこの体験は、30代以降、外資系企業への転職、英語をもう一度やり直そうとした時、きっと大きな動機づけになるでしょう。

バイリンガルになるとはどういうことか

　英語を使ってビジネスを行おうとする、または現在英語を使って曲がりなりにもビジネスに関わっている人々は、英語が流暢に喋れて文章も書け洋画の台詞もテロップなしですべて理解できる日本人をうらやむ必要はありません。仮に、その流暢に英語をこなすと思っている人を「バイリンガル」に近いと思っていたら全くの誤解です。バイリンガルと思われている人々でも、どちらかの言語に偏っているものです。バイリンガルと思われる人でも、一日にどちらかの言語のほうを多く使用しているのですから、語学知識のトレード・オフ現象はおきます。すなわち、どちらかの言語の使用度が上がれば、その分、もう片方の言語はおざなりになっていくのです。本当のバイリンガルという人などはいるのでしょうか。

　また、日本人で英語が非常に流暢な人であったとしても、英語圏での世俗に関わる一般常識や日々流れてくる情報（政治・経済・芸能人ゴシップ・スポーツ）にほとんど興味のない人はネイティブ・スピーカーとそのような会話に入っていけません。これをそもそもバイリンガルな人と呼べるでしょうか。バイリンガル神話に惑わされないでください。

歳をとったら語学学習は難しいか

　語学は若いときから始めた方がいいというのは、言葉に慣れるためには抗い難い事実です。しかし、語学の勉強には薹が立ったと言われる30〜40歳の人々も中年の域に達したからといって語学の伸び代に齟齬をきたすことはないのです。特に、10代の高校生や大学受験生ま

たは TOEIC®・英検に励む20代の大学生・大学院生がもっとも英語を習得するに適している世代であるという考えは全くの誤解です。中年には中年の強みがあります。それは入社以来業務を通して培ってきた販売ノウハウや商品知識です。この経験を英語力をつけるための強みとしましょう。

　私は40代初め、日本学術振興会の多国籍企業の研究グループで、日米双方の経済摩擦解消のための会議の書記を務めたことがあります。当時の日米間の貿易摩擦の解消に向けた会議で、個人的には非常にストレスのたまる仕事だったことを覚えています。その時に、ロスアンジェルス近郊にあるカリフォルニア大学のキャンパスで、60歳後半から70歳前半の文化勲章を受章された方々の英語にじかに接する機会を得ました。

　当時、私には偏見があって、英語は若いうちが一番上手いと思っていました。しかし、出席者のみなさんは、非常に英語が堪能だったのを記憶しています。また、参加された江崎玲於奈博士も夜半ホテルでのパーティでミニ・プレゼンテーションを開いてくださいました。英語はやや日本語訛りで簡単なプレゼンテーションではあっても、参加者を魅了したことが深く印象に残っています。

ある経営者が流暢な英語能力をつけた理由

　中年になって英語が飛びぬけてうまくなった筆頭にあげてもよい方はソニーの創業者の一人であった盛田昭夫氏です。盛田氏は20代前半の太平洋戦争のさなかで軍人でありエンジニアでした。ソニーの前身である東京通信工業の常務であった30代半ばで単身アメリカに乗り込みます。ほとんど英語が喋れないまま、通訳付きでアメリカの市場調査に乗り出しました。その後、海外でのトランジスタラジオやテープレコーダーの爆発的売上から、39歳で自らソニーアメリカの社長になり、英語を日常的に使うようになっていきました。この時期、盛田氏

は日本とアメリカの経営風土の違いの中で貧弱な英語を使うという二重の苦しみを味わい、困りはてていたことを述懐しています。この当時の盛田氏の英語能力は、部下が聞いていても本当にネイティブ・スピーカーと会話が成立しているのかわからないほど怪しげな英語能力だったそうです（浦出善文『英語屋さん』集英社新書2000年）。しかし、アメリカ子会社の社長になりソニー本社の社長になるころにはアメリカで育った日系人と間違われるほど英語が向上していたそうです。

　盛田氏はなんと英語がそれほどうまくないのに、加えてソニーの副社長という立場ながら1960年代の半ば、アメリカのニューヨークに引っ越してしまいます。そのおぼつかない英語能力、適応することが難しいアメリカ生活の中で、英語の壁を突き破った大きな要因に挙げられるのは、自社製品を海外のバイヤーに売り込む英語でのプレゼンテーションであり、海外のやり手の経営者たちとの丁々発止の交渉であったわけです。一方で、英語が苦手でもクライアントとプライベートな面でアメリカ生活を存分に楽しみました。彼は常に英語づけであったわけです。加えて、英語能力が伸びるということはその国の文化をよりよく知ることになります。そして文化を知るということは、その国の産業構造や企業風土も理解できるようになります。盛田昭夫氏には『MADE IN JAPAN』（朝日新聞社・1987年）という著書がありますが、経営書を超えてどのようにしたら英語がうまくなるかの英語教育の専門家以外からの虎の巻ともいえましょう。

喋れて書ける秘訣を教えてくれる業界人

　また、英語をほとんど話せなかったいろいろな業界の人々に焦点をあて、日経トレンディが英語最速上達法という特集を組んでいますが（日経トレンディ―2020年4月号）、彼らから英語上達の秘訣を学ぶことは多いようです。この雑誌の特集で、最短で英語力をつける秘訣は「業務に直結した英語を学ぶ」ことと喝破しています。加えて、この特

集の中ではほとんどの人が突然の辞令で英語を習得しなければならない立場におかれたと苦しい胸のうちを吐露しています。英語を使用する業務辞令をもらった時はすべての人が30歳過ぎであり、ほとんど英語が喋れなかったことも告白しています。英会話学校に半年くらい通った、TOEIC®で点数を上げていった人も中にはいますが、いきなり現場の英語を学んで上達した人が多かったのが事実です。

　その理由はビジネスが"待ったなし"だからでしょう。ビジネスでの議論・交渉も企業相互の死活をかけた利益に直結しますから、丁々発止の妥協なき会話になります。海外からのクレームも英語ができないから勘弁してくれとも言えません。英語の上達に成功した方々は自分の業務に英語を特化したことを述べています。具体的には、下着メーカーの方は、縫製技術のスペックや品質管理の資料を英語テキスト風にする。生活雑貨の業務に従事する方は接客業に必要な商品説明の英語知識だけをマスターする。国際人事部門に属する方は採用業務に必要な英語に特化する。また、リゾート施設に勤務する方は一般的教材を使わずに"ゲストを楽しませるために使う英語をメモする"ことで一見遠回りながらも最短の英語学習であったといっています。ここでの大きなヒントは英語に関わる仕事をしたければ、自分の仕事に関する英語に特化することです。これは目に見えない組織内部での評価につながっていきます。すなわち、国際業務を通して他の人々との比較優位、競争優位が自然と身についていくからです。

聞き流すだけで英語をマスターできるか

　これは結論から言いましょう。うまくなりません。聞いて、それを口に出して真似、単語の意味を確認して筆記してみることが重要だからです。ただ漫然と聞いているだけでは、絶対に向上しません。同時通訳者の関谷絵里子氏が、著書『えいごのつぼ』（中経出版2011年）で述べているように、「英語のシャワーだけでは、意味がなく、鳥のさえ

ずりはいつまでたっても声のさえずり」といっていますが、言い得て妙です。

　私事で恐縮ですが、私は英語オタクというか、20年ほど、NHKのラジオ番組で夜の9時頃から11時の半ばまで毎日英語を聴いていますが、途中ポルトガル放送が15分ほど入ります。20年間、平日はほぼ毎日ポルトガル放送（現在はベトナム語放送）を聴いているのです。しかし、ポルトガル語はいまだ暗号に近くて、結局一言も何を言っているのかわかりませんでした。

　もう一つ、自分自身の例ですが、私は60歳をすぎてから中国語を始めました。中国語を聞き流している時、集中して聴いている時でさえ、何を言っているのかわからない時があります。単語の意味を知り、四声（中国語文字の4つの抑揚）を確認し、シャドーイングし、中国語表現を筆記する同時並行のプラクティスが必要であることを身に染みて感じました。語学学習に王道なしです。

シャドーイングは万能か

　シャドーイングとは、ネイティブ・スピーカーが録音した英語表現をその後からすぐに繰り返すことです。この方法は効果があります。ある一定の訓練でリスニング力はつくと言えます。しかし、シャドーイングは、一定の基礎力（語彙力に基づいたリスニング力）を前提としていなければ効果はありません。土台があってこそ効果がある練習法なのです。

　さらにシャドーイングは、いきなり知らない英文を音声で聞いてリピートするよりも、事前にその英語の文章を学習していた方がより効果を生みます。私の経験から言って、話題になっている英語の文章の3分の2は理解していないと、音だけ真似ても、本当にその文章の意味を理解したかは疑問です。

　自分の例を言えば、前述したように私は中国語を勉強しているので

すが、簡単な入門・初級の文章であれば、シャドーイングで練習し、数回聞けば、理解できます。しかし中級レベルの文章になると、文法もわからず何を言っているかわからない時もあり学習のモティベーションがガクンと下がってしまいます。英語学習に戻せばシャドーイングは、学習者の実力と同等かやや上の内容で英文の内容をわかったうえで訓練することがもっとも効果があがると思われます。

1000時間で英語はマスターできるか

　英語の上達のためには、ある程度の学習時間数は必要条件ですが絶対条件ではありません。毎日、コツコツと勉強することが重要なのですが、やはりインプットとアウトプットのバランスを考えなければならないでしょう。勉強時間は多いことに越したことはありませんが、500時間、1000時間勉強すればマスターできるという英語学校のセールス言葉に惑わされてはいけません。長時間の学習をしていく中で、どのような内容の英語を習得していくのかが問題です。

　英語を学習した合計時間の目安として、1000時間という単位を聞くことがあります。1000時間というと1日6時間、英語の勉強に費やして84日、約6ヵ月です。1000時間勉強すると、一定の成果が得られて自分でもその成果が自覚できると言われています。確かに、試験に合格するためのテクニックとしては、短期集中型で1000時間の学習というのは有効なのでしょう。TOEIC® の990点超えという受験者や、何回も TOEIC®試験を受け、990点近くを10回近くクリアしている人もいます。そういう人たちの声を聞くと、短期集中がよさそうにも聞こえます。しかし、TOEIC® のためだけに1000時間費やすのはどうでしょうか。これでは試験勉強のための英語であり、流暢な日常会話の獲得、それ以上に成果がビジネス英語で使える表現につながらない限り、本末転倒、手段が完全に目的化しています。

　加えて、実際に社会人であれば、仕事との両立もあるし授業料もか

なりの高額になるリスクを負うと思います。

　私は、英語は1000時間以上でマスターできるという学習法よりも、ゆっくりと時間をかけてでも実際の生活・仕事での英語環境に学習者自らが長期的にどれだけの時間を割いたのかが重要だと考えます。それは、いわゆる"英語道"のような徹底した信念への固執や英語の試験に生きがいを見出すことよりも、英語の環境の中に自分をおき（CNN、NHKの音声多重放送、BBCなどのPodcastを聞く、オンラインの英語新聞を読む）、英語で考え生活する、英語を通して仕事をする態度を継続しながら身に付けて頂きたいからなのです。1000時間使って勉強する態度はよいことです。しかし、その蓄積した知識を資格として取ればそれでよいのか、それとも海外の人々とのビジネスに使うか。英語学習効果という面からだけ考えても、どちらが英語力を維持しさらなる実力をつけていくかは再考の余地は大いにありそうです。

▌「老人と海」のエピソード

　私がオーストラリアの大学院に所属していた約5年間、メルボルン日本人補習校でアルバイトで中学生の担任をしていました。その時、中学2年の生徒が休み時間にヘミングウェイの「老人と海」を読んで2000字程度のレポートを英文で書き上げているのを見て驚いたことがあります。これは、日本の外国語学部の大学生でもかなり難しい課題ではないでしょうか。私が担当していた中学生は月曜日から金曜日まで現地の中学に行き、土曜日だけ日本人補習校にくるのですが、それでこんなレポートを書く能力がついたのでしょう。

　そうかと思えば、ある時、シドニーの全日制の日本人学校に通っていた生徒がメルボルン補習校に転校し私のクラスに入ってきました。シドニーは日本の教育に準拠した全日制小中学の学校で週に4回ほどネイティブ講師の英語の授業があると言っていました。地理的にみてシドニーという最高の語学環境にいても、校内では日本語といった生

活です。この生徒はメルボルンにある地元の中学校で転校したての頃にオーストラリア人の先生や生徒が一体何を言っているかほとんどわからない喋れないと嘆いていたことを鮮烈に覚えています。こうしてみると英語圏で過ごした"海外子女"でも日本の教育制度に基づく全日制の日本人学校と補習校に通った子ども達では英語学習環境の差から英語能力に格段の差がつきます。

3 日本語と英語の違い

日本語≠英語と心得る

AIが進化すれば、すべて日本語は英語に完全に転換できると思っている人は多いでしょう。しかし、日本語と英語は論理が違うのですから、日本語から英語に完璧に伝える表現はできません。次の例を見てください。それぞれ日本語での直訳と意訳もつけておきます。

How long has he been dead?

直訳：彼はどのくらい長い間死んでいるの。

意訳：彼は死んでどのくらい経つの。

Does this street take me to the station?

直訳：この通りは私を駅に連れて行ってくれますか。

意訳：これは駅に行く道ですか。

The bus timetable doesn't show us anything.

直訳：バスの時刻表は私たちに何も見せてくれない。

意訳：バスの時刻表が見えない。

Does this dog belong to you?

直訳：この犬はあなたに属していますか。

意訳：あなたの犬？

　どうでしょう。英語をそのまま日本語にすると「直訳」の文になりますが、これでは日本語として何を言っているかよくわかりません。逆に、私がオーストラリアに留学したてのころ上記の表現を聞いて、英語では「こんな言い方しているんだ」と嘆息したこともありありと記憶に残っています。

　このように、日本語をそのまま英語の自動翻訳に乗せているだけでは、言いたいことをネイティブ・スピーカーに伝えることはできないのです。すなわち、「これは日本語で直訳できないから、意訳しよう」という表現こそが、その英語と日本語の論理性の違いかもしれません。

　さらに、日本文そのものにも問題が潜んでいます。一例を挙げると、多くの日本人は仕事上で「確かにメールを頂きました」と「確かに」をつける傾向がありますが、英語で言うなら I have received your email. です。I have surely received your email. と、surelyをつける必要などありません。ビジネスにおいては、形容詞や副詞が多い文を欧米圏の人々は嫌います。事実が修飾され主観的になりすぎるからです。

　現在のところ、自動翻訳機が活躍できるのは、対面での細切れの一文でしょう。そこで、両者が文脈の共通点を見出しコミュニケーションが成り立つわけです。特にビジネス局面では、文章自体が法的責任を有しますので、対面でのその場の雰囲気が理解できる face-to-face の交渉でない限り自動翻訳は危なくて使える段階ではありません。言い換えれば、英語を勉強しても、日本人的発想で英語を話したり書いたりしている限り、表現はぎこちなくて悪い印象を与えるためビジネスリスクがかなり高くなります。日本語の論理にすっぽり包まれている思考習慣では、ネイティブ・スピーカーを納得させて信頼関係を築くことは困難でしょう。

日本語ができて、その次に英語なのか

　英語の学習に警鐘をならす評論家も数少なからず存在します。「日本語もわからないくせに、英語なんぞ学んでも上手くはならない」という主張です。「日本語を十分使いこなせてから英語を学ぶべき」であると彼らは言います。

　しかしこれは全く間違いであるばかりか、英語を勉強しなくてよいという格好の口実を与えてしまっています。または、彼ら自身が英語をうまく使いこなせないコンプレックスの裏返しなのかも知れません。すなわち、「日本語でろくに話もできずに英語なんぞ喋りやがって」という妬みかもしれません。

　英語教育の第一人者である白井恭弘氏が著書の『外国語学習の科学―第二言語習得論とは何か』で述べているように、英語へのインプットなしに実践的な英語上達の機会はありません。中学、高校で英語文の隣に書いた丁寧きわまる日本語訳を採点基準とし、生徒・学生もこの学習効果に満足していく現在の英語教育がおかしいのです。

　20世紀の日本文学の最高峰の位置にある三島由紀夫は美しい日本語にこだわりましたが、彼は英語も堪能だったといわれています。三島は数多く英語での講演をしています。逆説的な言い方ですが、彼は、日本語が上手かったから英語ができたというより、得意な英語を通して、日本文化への深い造詣、日本語の美しさを実感・表現できたのかも知れません。

　第一次安倍内閣発足時、首相の所信表明演説に「美しい日本」という政治的スローガンがありました。この演説で、「美しい日本」と銘打っているのに、演説で漢字やひらがなよりもカタカナ言葉が多すぎるとマスコミから失笑を買いました。しかし、私は、一部の日本人しか理解できない和製英語を作り出す方がもっと罪作りだと思います。

　ともかく、英語は異文化の人々とコミュニケーションをする道具と割り切った方がいいでしょう。インド、インドネシア、中国の観光ス

ポットへ行くと、年端もいかぬ子どもたちが流暢な英語で現地の土産物を外国人の観光客に売りつけています。母国語をきちんと読み書きができる高等教育を彼らが受けているとは必ずしも思いません。それでも、彼らなりにビジネス英語を使いまわしているのです。この点を見ても「日本語をきちんと喋れる前提があってこそ、英語がうまくなる」という俗説に私は大きな疑問を感じます。

▎自動翻訳で英語学習は不要になるか

イソップ童話にでてくる「すっぱい葡萄」という話があります。高い場所にある葡萄をキツネがとろうと何度か跳び上がりますが、届きません。結局は「あの葡萄はまだすっぱくて食べられないんだ」と負け惜しみを言って去っていく話です。語学を学ばない人の言い訳にもこのストーリーが当てはまります。もうAIの時代だから英語を学ぶ必要はないと。

しかし、語学では文化が介在しますから、いくらAIが進化しても微妙な文脈について自動翻訳はできません。そこには文化的価値の落差が存在するからです。たとえば、やや伝統的で家父長的な日本人男性が、エジプト人やオーストラリア人の女性に、婉曲なプロポーズとして「毎日、君の味噌汁を飲みたい」と言ったとしたら、女性側がこれをプロポーズと解釈できるでしょうか。アメリカ人女性がこのプロポーズを受けたら、まさに「文法的に言っている文章はわかるけれど、意味内容がわからない」思考停止の状態に陥るでしょう。

日本の代表的方言である大阪弁の「アホか、お前は」を自動翻訳はどう訳すのでしょうか。日本のように、間主観性という人と人との間にある微妙な関係性を重視する文化を持つ国々は、英語のような名詞自体で意味を捉える言語の文化を持つ国々とは違います。言葉が持つ含蓄は自動翻訳のAIではとらえきれないでしょう。

グーグルを始めとする自動翻訳が優勢を占める時代となりましたが、

AIがWhy（なぜ）という因果関係の質問に答えるのは無理でしょう。質問する相手がその答えとしてのReason（理由）をうまく理解できない時、質問される側の説明の間合いが伸びていくため、結局のところAIでの会話の流れは頓挫してしまう可能性が大きいからです。現時点では、文脈を問わない会話（国籍・名前や時間の聞き方）や、レストランでの注文、旅先での道の尋ね方、買い物でのやり取りに終始するでしょう。

　さらに、ビジネス交渉で直接話し合うときには、AIは「ダメ押しの無理」が働きません。お互いの利害対立が前提となりますから双方がそれぞれの立場に固執した場合、全体の議論を俯瞰してバランスのよい妥協点を見出すことは不可能です。また、AIでは表現の微妙な言葉の綾も相手側に理解できないようであれば地雷を踏むような最悪の事態を生むこともあります。以下は、よく日米のビジネス文化の差から生まれる不幸な例に使われる表現です。

　日本人：あなた方の御提案は理解できました ☞ お話は一応お伺いしました。AIで

I understand your proposal. を入力。

その文章を日本人からAIアプリで見せられ音声を聞かされたアメリカ人の反応：

Thank you very much for understanding our idea.

ありがとうございます。☞ では、話を前に進めましょう。

　最後に、ビジネスでは、「間の悪さ」は交渉の敵です。お互いの言葉を理解できない人々は顔の表情やジェスチャーをみながら話さなければ、「間合い」に見られる、ビジネスに不可欠な信義は育たないでしょう。この点で、自動翻訳機はビジネスでの長期的信頼関係は構築できません。無粋な例で恐縮ですが、あなたは自動翻訳機で口説いてくる異性を信用できますか。要するに、現在の段階ではAIによる自動翻訳機は語学習得にほとんど関連のないその場限りの通訳・翻訳装置なのです。コミュニケーションとは面白いもので、知っている言葉・表現

が発話され、それがお互いの心の琴線に触れた時、信頼が醸成される契機となるのです。

思考プロセスという障害物にどう対処するか

　英語教育に関しても、真実は時代を超えて不変な部分もあるようです。2000年の放映ですが、NHKで「英語が会社にやってきた〜ビジネスマンたちの試練」という番組がありました。これを見て一番感慨深かったことは、日産自動車での日本人とフランス人の会議風景でした。新車のテレビCMに関する日仏双方の意見交換でお互いが自説を譲らないのです。このシーンは、交渉時の相手の考えの違いは、英語で一回相手に伝えたから、相手が理解してくれるとは限らないことを教えてくれています。

　この中で、日産自動車の日本人マーケティング担当の方は「100万回言わなければ相手は態度を変えてくれない」といっていました。「相手が自説に頑固だということは、その国を成り立たせている文化そのもの」、「自説をすぐに撤回してしまうことは、その国の存立を危うくしてしまう」という言葉もきわめて印象的でした。

　思考プロセスの違いからくる交渉時の行き違い、誤解、行き詰まりは、国際経営では日常茶飯事です。ビジネス英語は国際ビジネスのツールであり、どんなに英語が上手くなっても、相手の文化を考えずしては単なる表現の羅列に陥ります。それは異文化という「思考プロセス」の違いからくるものです。これを想定したうえでアジェンダを議論の俎上に載せれば、案外、ビジネス交渉はうまくいくこともあるでしょう。

英語空中分解症候群

　私は非常勤講師をしていた都心のM大学で、英語の原文を学生に読ませるクラスを持っていました。その際、学生の3分の1程度が、英文

を読むのではなく、まずノートに訳した日本語の文章を読んでいました。発表している学生に「君はいま原文でどこを読んでいるんだ」と聞くと、「分かりません」という学生がほとんどでした。21世紀に入った時代であっても、中学・高校レベルの英文解釈では、教科書の英語パラグラフを後生大事にノートに書き写して、英語の理解力より日本語が間違っていないかの確認作業を重要とする授業も多いと思います。

このような翻訳文化に染まった英語に対するアプローチはもう捨てるべきです。英文を読みながら訳す。後ろから訳さない。後ろから訳し上げるような勉強方法をしていると、実際、会話になった時に最初の一語、最後の一語しかわからない貧弱なリスニング能力に陥るかもしれません。

たとえば、翻訳文化に染まった学習者は、What are you going to do if it rains tomorrow? という文章も書けるし訳せるのですが、if節が後ろにくるのでは、即時の理解が求められる会話状況ではこんがらがって頭に入ってこない場面が多くなります。My grandfather who turns ninety is still interested in studying Chinese. 「90歳になる私の祖父はいまだに中国語の勉強に興味を持っています」という文は、実際には、「私の祖父は、90歳になるがいまだ中国語に興味を持っている」と訳した方が、英語に慣れるという意味ではよい訓練となります。日本的な訳し方に慣れ親しんでいると実際ネイティブ・スピーカーとの会話についていけなくなってしまうのです。

頭の中で英語に転換して英作文を作り終えてから会話を始めているようでは、いつまで経っても流暢になれません。会話初心者の中で「えと、」「あれ」とかいっているのは、日本語を英語に転換している証拠です。そうではなくて、Let me see, や Well, そして How can I say? 等の簡単な間をつなぐ英語表現を覚えましょう。こうした表現をそのまま使ってみることこそ英語上達の近道です。この学習プロセスは「場数を踏む」ことで改善されていきます。まさに「習うより、慣れよ」という実演効果を謳った格言がピッタリします。

日本語が上手いことが罠？

　日本人として生まれて日本に育ち、だいたい小学生ぐらいになれば日本語は母国語として身に付き、日常生活では、日本語で思考する習慣が当たり前になってきます。そして、多くの日本語のボキャブラリーを状況や感情にあわせて、体得していくわけです。

　もちろん日本人の中にも、日本語が上手い人もそうでない人もいます。私の経験からいえば、日本語が上手い人（語彙力のある人）は、英語を学習するプロセスにおいて、英語を習得する壁が高いと思います。たとえば、「驚き」を表す日本語には、「呆然とする」、「放心してしまう」、「仰天してしまう」、「びっくりする」、「当惑する」、「あっけにとられる」、「衝撃を受ける」、「驚嘆する」、「意外に感じる」等々の表現があります。高校生となれば、これらの言葉は常識レベルで使用されるでしょう。

　これらの驚きの感情を表す多種多様な表現が曲者なのです。日本人は上記した表現を状況に応じて使いわけますが、いざ、英語になると「呆然とした」は英語で何というのだろうと一瞬、言葉につまります。I am surprised. という実に簡単な英語表現でこの苦境を切り抜けられるのですが。

　しかし、日本に生まれ、日本で育って、日本で教育を受け、日本で生活して、日本語のボキャブラリー（語彙）が豊かになっていけばいくほど、その事自体が英語の表現に転換するのを邪魔するわけです。「呆然とした」を英語で言おうとした時、日本語の語彙力が豊かな人ほど、そして英語を多少なりともまじめに勉強した人ほど、I am astonished.（びっくりする）、I am shocked.（ぎくりとする）、I am embarrassed.（困惑する）、I am astounded.（愕然とする）、I am flabbergasted.（面食らう）等々の表現が頭をかすめて、どれにしたらよいのかと悩み、一瞬で英語が出てこないのではないでしょうか。実際には I am surprised. だけ覚えておけばよいというのに、いろいろな日本語の表現を先に考

えてしまうので、なかなかこの簡単な一文が出てこないのです。

　この点に関しても、「日本語の上手い人は、英語の学習習得プロセスにおいて、その豊富な日本語の語彙力に妨げられて、うまく英語を使いこなせない」という、いわゆる一種の"母語干渉"の仮説が成り立つでしょう。とにかく、感情や動作をあらわす表現は、基本的な単語を覚えていれば、それで事足るのだということを覚えておいてください。

4 様々な異文化間摩擦

▎外資系企業は日本の職場

　外資系企業に入社したからといって、自動的に英語がうまくなるわけではありません。ほとんどの外資系企業は、日本の職場慣行を守っています。シリコンバレー大手のIT企業でさえ、ほとんど日本人社員で占められています。IT企業では社長も日本人の人が多いようです。また、製造業の場合でも、一部の役員だけがアメリカやイギリスからきた人々で、職場の上司は、組織上日本企業とほとんど変わらないケースが多いようです。一方、金融業の場合、社長は本社での出世の一里塚と考えられており、アメリカ人やイギリス人によって占められています。

　外資系企業では、新卒の生え抜きで出世していくという考えは捨てた方がいいでしょう。部長ぐらいまでは、日本ベースの人事評価で決済されますが、取締役以上の人事は本国で行われるわけですから、日本人の経営陣の意向もそれほど大きく反映はされないでしょう。それゆえ、外資系では部長職を務めた後、転職して、さらに上位職を狙うケースが多いことに納得がいきます。

　さらに、「外資系」と一括りにしてしまうことは誤解につながります。同じ外資系といっても仕事内容の違いで、英語を使用する頻度は

変わってきます。経理、人事、総務などに配属された人々は、英語を使う機会は少ないでしょう。一方、営業や購買で働く人は、プレゼンテーションや部品の海外調達などで英語を使う機会は多くなります。もちろん、もっとも多く英語を使うのは、英語圏からきた社長や経営陣をサポートする秘書でしょう。

謙遜しすぎはやめよう

　日本人はアメリカ人を筆頭に英語圏の人から「あなたの英語はうまいですね」といわれた途端に、「いやー、全然うまくない」とか、「ちょっとだけです」という人がかなりいます。これを聞いた相手は、「日本人というのは、humble（謙虚）か self-humiliating（自己を卑下する）」な人々だなと思う傾向が強いようです。

　実は、こう答えることでコミュニケーションが立ち途絶えてしまっているのです。彼らからしてみれば、せっかく「英語が上手いですね」と言っているのですから、次のような返答を期待しているのです。

Yes, I am good at English.
そうですね、英語は得意です。

　それなのに「いやー、全然うまくない」などと言ってしまっては、ややしらけた雰囲気が続いてしまいます。英語圏の人々がこれを肯定的にフォローするのはよく見慣れた光景です。

　ですから、パーティの席などで「あなたの英語はうまいですね」といわれた時は、Yes, と答えて、こんな風に返してはいかがでしょう。

However, my English is not good enough to ask girls out.
いや、まだ女性をデートにさそうほどはうまくないですよ。

きっと場が盛り上がると思います。謙譲の表現はほどほどにしましょう。過ぎたるは及ばざるがごとしです。

英語にもダブル・スタンダードがある

　英語のうまい日本人でも絶対にできない表現は何だと思いますか。アメリカの企業で日常茶飯事に使われる、解雇時のほめ殺しの技術がそれです。実は、アメリカ人が会社で一番おそれているのは、社長ではありません。人事権のある部門長であり、直接の上司です。

　以下のような台詞はアメリカの映画ではよく出てきます。解雇される雰囲気もないまま、突然に上司の部屋に呼ばれ、「最近、仕事の調子はどうだい？　君はがんばっているね。会社によく貢献してくれている。ありがとう」という感謝の表現の舌の根もかわかぬうちに、「いや、残念だが、君にはやめてもらうよ。人事部に行って社員証の返還時期と退職の手続きを進めてくれたまえ。会社から供与されたスマホは今日中に返却、さらに供与されたメール・アドレスの有効性は３日以内、デスクの書類は１週間以内で片づけてくれ」というこの豹変ぶりです。このアメリカ流の解雇方法は、ジョージ・クルーニー主演の映画、『マイレージ・マイライフ』で十分に描かれています。

　日本人は、解雇という生殺与奪の権は人事部が握り、人事部長や解雇される人が属する部課長の間で、稟議という集団の意思決定を通して強制的に退職させられます。解雇を報告する社員が上司である課長や部長であっても、にこにこ笑いながら、突然「君を解雇する」とは言えません。初めから、ストレスをためながら苦虫をつぶした顔で解雇を告げるでしょう。

　ここにも、英語を表現する思考態度における日本とアメリカとの違いを見ることができるでしょう。本当に英語ができるためには、英語圏の人々のマインド・セット（心の持ち方）を理解することに損はありません。ほとんどの日本人は日本文化という環境で英語を考える条件

下におかれているため、マインド・セットを理解する試みは難しいでしょう。しかし、彼らのマインド・セットを頭の隅においておくだけでも、ビジネスにおいて違いが出てくるはずです。

文化的共感に気を配る

　もう40年ほど前になりますが、私がオーストラリアに留学していた時、異文化の気配りについて考えさせられたことが2度あります。一つ目は、大学院に入る準備で英語学校に通っていたときのことです。英会話の授業で、私は日本人の肌の色は何色かと教師に質問されました。私は、「イエロー」と答えましたが、教師は否定し、「オリーブ」が正解であると答えたのです。彼女は「イエロー」がアジア人に対する侮辱的意味合いを含むことを知っていたのでしょう。私はなんと配慮の効いた言い方かと感心させられました。

　もう一つは私が大学の寮に入っていた時のことです。私が日本に一時帰国するために準備をしていると、私と会うたびに他愛のない世間話をしていた寮長のインド人の奥さんが、日本の化粧品は品質がよく肌が白くなるから、それを買ってきてくれないかと私に頼んだのです。全く何の気配りもなかった私は、「インド人は色が浅黒いから、効果はないのでは」とうっかり返答してしまったのです。この奥さんはカンカンに怒ってしまいました。この一件以来、彼女は二度と口を聞いてくれませんでした。他意はなくとも、歴史、異文化というフィルターを通すと悪意ある表現に変わることがあるのです。20代後半まで日本以外の国に暮らしたことのない私は、人種とか肌の色に関してあまりに素朴でした。差別につながるとは全く思いもよらないことでした。人種差別など日常生活に関係のない、本で読むくらいの教養の一部だと思っていたのでしょう。自己弁護になりますが、私が小学校から高等学校の生活を過ごした50〜60年以上前の日本の教育やメディアは人種差別に積極的関心を持つように国民に訴えていなかったと思いま

す。とにかく、何気ない一言がいままで仲の良かった対人関係に思いもよらない亀裂を生じてしまうという苦い教訓となりました。

異文化間の共通項を探せ

異文化とは「壁」になるのでしょうか。確かに、日本とアメリカの間に横たわる文化の相違にだけ目を奪われれば、「壁」となって跳ね返ってきます。

しかし、「アメリカと日本は違う」は禁句としましょう。「どうせ違う人種だし」といった思考で常にアメリカ人に接していれば、相手は敏感に否定的雰囲気を感じます。そうではなく、「アメリカと日本は同じだ」という態度で異文化に接することです。ここに信頼感が醸成されていきます。昔、「人類みな兄弟」というフレーズが一世を風靡しましたが、異文化の職場において、これを強く態度として打ち出せる人は、現地スタッフの気持ちを捉えることができます。

異文化体験とは、相手の文化内容を知っただけでは単なる知識で終わってしまいます。それを乗り越えて、自分自身のものにして、「郷に入れば郷に従え」の格言のとおり、相手の文化に同調すべきなのです。日本とアメリカの文化の違いを強調して、自分が日本人であることにこだわれば、二人の間に懸隔が生じるでしょう。相手が英語圏の人に限りませんが、たとえば自宅に招待された際、食卓に出された料理は断らずに率先して食べる。相手の地元の世間話でも興味を持って積極的に入る。それが大事なのです。

「俺もいいやつだけど、お前もいいやつだな」という、相手の懐に入っていける人間掌握術がビジネスには求められています。換言すれば、相手と同じビジネス目標を追求するために英語を活用していくことこそ、ビジネス英語をものにする極意なのです。

準拠集団──日本人の集団的情緒性に注意

準拠集団 (リファレンス・グループ) という言葉があります。社会学の専門用語で、自分の思考や行動に影響を与える集団を意味します。準拠集団の例としては、家族、学校、会社があります。私たちは自分自身でいろいろな事を考えて行動しているようで、この準拠集団に大きく影響されているわけです。外国人と意思疎通を行う時、自分が属する準拠集団からくる思考が思わぬ障害になってしまうことがあります。企業の例を取り上げてみましょう。

英語の会議で日本人が議長役を務めて、スピーチを行うと、必ず冒頭の言葉は、企業を取り巻く環境から始め、そのことに対して人々が抱いている感情を吐露する枕詞のような表現が多いようです。それも否定的、改悟調や遺憾を示す情緒的表現です。たとえば、「去年の売上は非常に悪かった」、「世界経済は混沌として、先行き不透明である」、「気候変動の影響が深刻である」、「去年、○○部門は頑張ったが、やはり他社と比べるとまだまだである」等々のような表現です。これらの表現は日本人社員には受けます。なぜなら、彼らは経営者の企業環境を取り巻く懸念、最高責任者の人格を象徴する謙虚さに誠意を表しているからです。

そして、次にくる表現は、慈悲深い語調で始まる場合が多くなります。「みなさんも大変でしょうが、来期は、一丸となってがんばりましょう」「この危機を乗り切るために、力をあわせ業績を伸ばしましょう」、「危機的状況にありますが、社長としてみなさんを信じています」という団結を示した表現です。このように、非常に情感あふれる雰囲気を醸し出したスピーチは日本で非常に多く見られます。

しかし、社長訓示を聞いている英語圏にある日本子会社の現地スタッフは、何か割り切れないものを感じるようです。企業外部の環境変化はほとんど我々の事業展開と直接関係ないとか、去年、業績が悪かったにもかかわらず、我々はがんばったではないかという肯定にも似た

気持ちがでてくるからでしょう。むやみに、組織の弱点をあげつらうのではなくて、我々を無条件に褒めて、達成した業績から肯定的スピーチを始めてくれという従業員もいることと思います。

　そうは言っても、自己のいたらなさを公言・吐露することは、日本人に植えつけられた言葉へのDNAかもしれません。昭和・平成両天皇は、日本の平和に関しては、先の戦争の惨禍に必ずふれた後、平和への努力を国民とともに希求なされました。また、平成の時代になっても、天皇陛下は、毎年、一年を締めくくる国民に向けた所感として、日本が台風や地震で災害に被害がでた年ともなれば、「今年は、災害の多い年でした」、次に「来年はもっとよい年になることを国民と一緒に祈念いたします」となります。これは令和の時代でも継承されていくでしょう。

　これらの慈悲あつい言葉使いが、知らず知らずのうちに経営者・管理者層の考えに入ってしまうのかもしれません。この集団的情緒性が、日本的な経営哲学でスピーチに表れているのかもしれませんが、アメリカ人にとってはコミュニケーション・ギャップとなってしまうのです。このことは頭に入れておきましょう。

■ スピーチの軸は株主と業績賛歌でいこう

　一般的にアメリカやヨーロッパの企業において、経営者のスピーチの冒頭では、会社の業績や方針を発表します。まさに戦略を語るといってよいでしょう。その理由は、経営者が株主を主眼においていますので、肯定的に成果を述べ、目標を掲げていかねばならないからです。この点で、彼らのスピーチは、目標業績ベースで迫りますので、きわめてドライです。しかし、いいことづくめで喋ることもありますので、ややもすると、ネガティブな事実は伏せられる傾向にあり、戦前の大日本帝国陸海軍による大本営発表に近くなることもあります。

　読者のみなさんがアメリカやヨーロッパの子会社を訪問して、スピー

チを求められた場合には、世界経済の動向などという抽象的なことや、自分達の企業を取り巻く企業環境を最初から否定的に述べるよりも、まずもって、グッド・ニュースとなるような話題を選ぶべきです。その方が、あなたのプレゼンテーションを聞いている人々にすっきり入っていくことができます。彼らは褒められることを望んでいます。この場合は、個人名をみんなの前で出してもよいでしょう。特に、去年より良好な結果が出た場合には、前年比でどれだけ伸びたかを数字を引き合いにだして自信を持って強調・宣伝しなければなりません。もちろん、そのスピーチを聞いているスタッフが主要な貢献要因であることを説明することはいうまでもありません。

欧米企業に経営哲学はない

外国企業には、ほとんど経営哲学というものがありません。あなたがニューヨークへ行って、アメリカ大企業の社長室を訪れたとします。壁には日本企業によくある「社会貢献」、「安全への願い」、「協調精神」、「質実剛健」、「和」、「自然との調和」などと英語で書いた額が飾ってあることはありません。アメリカには会社の方針というものは存在しますが、経営哲学や経営理念はありません。経営哲学や経営理念というのは日本に特有なものです。あまりに会議やスピーチで自分たちの抽象的な「信念」、「人徳」の哲学を熱く述べると、アメリカ人から怪訝な顔をされるでしょう。

欧米の企業に存在するのは、経営政策、すなわち、会社の戦略方針です。ですから、あなたがスピーチや会議で会社の方針を話すときは、自社の経営哲学という目に見えないものを話す以上に、目に見える成果、たとえば、来期の売上高、製品のマーケットシェア、欠品率の縮小等を社員に語るべきです。1995年にジム・コリンズの『ビジョナリー・カンパニー』（山岡洋一訳　日経BP出版センター）という経営学書のシリーズがベストセラーになりましたが、これも一見、経営哲学に

似ていますが、経営方針という目に見える成果を描いたものです。

　こうした違いはやはり、アメリカ人にとって、会社とはプライベートから離れた利益を上げるチームとしての契約組織体である一方、日本人にとっての会社とは、人々が集まって永続的に住む共同体という発想の違いからきているかもしれません。これは、どんなに終身雇用制が形骸化されたとメディアで報道されていても日本人の労働観に潜む一つのDNAです。

▌話題は現地志向で

　あなたが、いまインドの日系子会社にいるならば、現地スタッフとのスモール・トーク（世間話や日常会話）はインドの話題にした方がいいでしょう。イギリスの日系子会社だったら、イギリスの話題にします。

　なぜその方がいいかは、相手に日本の話題を持ち出してもチンプンカンプンだからです。日本の芸能界で有名な俳優、歌謡界の大御所の話題をインドで取り上げても、誰も知らないでしょう。日本の文化や歴史の話をしてあげても、ほとんど興味を持っている人はいないとみた方がよさそうです。

　とするならば、お互いの共通項の話題を探った方が得策です。たとえば、インドの人気ある俳優や女優、現在、流行している歌などです。あなたがインドに興味を示していることで、相手に好印象を与え、仕事においてもコミュニケーションの潤滑油になっていくでしょう。私としては、社員の思想や利害関係にもっとも遠い芸能人のゴシップが話し相手に対して最も無難なネタとおもっています。

　しかし、注意すべき話題もあります。政治と宗教です。これらの話題はあまりにセンシティブなので避けた方がよいでしょう。もしあなたが「カーストではどれくらいの位置にいますか」などと傍若無人にきいたら、人間関係が悪くなり、社内にも悪い噂が流れる原因となりま

す。アメリカの場合は #ME TOO に象徴される女性蔑視、人種差別、ドイツでは移民政策、韓国では日韓併合後の植民地政策、慰安婦問題、徴用工問題、中国では、チベット・新疆問題、香港の政治動向、厳しい監視・統制のとれた中央集権政策への問題が「避けるべき話題」です。政治・宗教のへ価値観は国境を越えると真逆になることも多いですし、仕事以外でどのような価値観を同僚が抱いているかわからないからです。何げない話題からこれらのトピックに入って討論してしまうと、必ずといってよいほど、現地スタッフとの間にわだかまりが残り、組織内部に緊張が走り、引いては仕事の効率が落ちてしまいます。

情報の海で英語を鍛えよう

　大手メディアの日々の英語にふれて、身の回りの世界が絶えず変わっていることを知ることも英語の実力を高めるには重要です。私事になりますが、私は朝起きたらすぐに CNN をつけます。仕事から帰ってきたらまた CNN のテレビを見ます。日本のテレビ番組は日本で起きたニュースのみで、原則 NHK のニュースしか見ません。これも英語に音声を切り替えています。もうこの生活を 10 年程度続けています。私もこの作業を習慣化できるまで、最初は眠いとか疲れているとかでつらかったのですが、数ヵ月くらいで慣れました。今では生活の欠かせない一部です。CNN のよさは司会や特派員の会話のスピードが速い事です。これにも数ヵ月で慣れるでしょう。日本のラジオやテレビでの英語教育番組よりずっと早口ですので、英語の中級以上の能力があればリスニング能力が数ヵ月で向上していきます。このように、英語を学んでいるのですが、強制的に学ぶ時間を作り上げるというより、なにげない生活の一部にしてしまうという知恵も重要なことです。

　また、CNN はアメリカだけではなく、イギリス、アフリカ、カナダ、オーストラリアといった現地在住のジャーナリストの報道もありますから、世界中で使われている英語の発音に慣れていくでしょう。

すなわち、その人の喋り方でどの英語圏の国の出身か理解できるようになります。またジャンルも政治、経済、文化、芸能と多岐にわたるので、CNNを視聴していけば、似たり寄ったりの日本のメディアと違って、世界で起こっている多種多様の情報量の大きさに圧倒されるでしょう。

　私は「見る」と並行して「読む」ことにも注意を傾けています。WSJ（The Wall Street Journal：ウォール・ストリート・ジャーナル）がお薦めです。活字媒体のWSJには、アメリカを中心とする世界の政治・経済の様子が事細かく一流のジャーナリストの署名入りで報道されます。彼らの執筆する記事の文体は非常に格調高いので、時々文章を真似て私のSNSに英語でアップしています。

　とはいえ、個々のメディアには政治的偏向があり全くの中立的記事などありません。経済・経営の動向をアップデートで知りたい方はWSJですが、WSJが苦手であればTIME（タイム）、The New York Times（ニューヨーク・タイムズ）、やや難しい語彙からなるThe Economist（エコノミスト）、初心者から中級の方であればNewsweek（ニューズウィーク）、ヨーロッパの動向に関心があればイギリスのFT（The Financial Times：フィナンシャル・タイムズ）もお薦めの雑誌です。BBCでは世界中のニュースを扱う20分から30分程度のPodcastもあります。無料で仕事の合間に聞くことができます。

グローバルな情報の効用

　リスニング媒体のCNNとリーディング媒体のWSJを生活の一部に取り入れると、世界中の膨大な情報量にさらされることになります。世の中を判断する思考がOUTSIDE IN（外側から自分自身をみること）になり、日本が世界に大きな影響を与えている思考方法（INSIDE OUT）といった素朴な考えを捨てざるをえません。日本のメディア媒体だけでは世界の動きは拾いとれないのです。「世界の中の日本」という言い

方がありますが、この真の意味は、日本のニュースを世界のニュースの中で相対化し、日本の立ち位置を常に考え定めていくことです。ここに、情報源としての英語が日常生活の一部となり、我々が日本人であることを自覚し、日本の国益、さらには企業レベルでは経営戦略を考えるヒントがあります。

　読者の中にはご存知の方もいらっしゃると思いますが、日本の大手新聞社も海外の大手メディアと提携して海外新聞が日本語で読めるようになりました。しかし、日本語に翻訳する作業や校正がありますから、アメリカを始めとする英語圏の詳細なニュース内容は1日か2日は遅れます。「時は金なり」ですから、ビジネス情報で1日の遅れは決定的な不利益をもたらします。また、どんなに世界的にインパクトのあるニュースでも日本の読者に関連がない、興味を引かないニュースは切り捨てられて日本には届きません。これでは、日本語しか読んでいなければ世界のビジネスチャンスの趨勢から遅れてしまうでしょう。やはり英語で情報をインプットするのに越したことはありません。

　私は朝はCNN、夜はWSJからの情報収集という作業で、日本のバラエティ番組が新聞ネタや週刊誌のネタに依拠しながら中身のない、いかに空っぽの時間つぶしの内容なのか理解できるようになりました。まさしくイスラム教徒がコーランを聞くように、キリスト教徒が神父や牧師の聖書の教えを聞くように、日本のバラエティ番組が「和」を通して日本人の行動様式を同一化させ、ある種の日本教の真髄であるような感じを抱くようになりました。日本教については、山本七平氏の『日本教について』（1975年 文春文庫）をお読みください。これで日本人の思考・行動様式がかなり理解できると思います。

　聞くところによるとバラエティ番組は、日本と韓国以外には放映されていないと言われています。それは納得いきます。中国で、中国の最高権力者の習近平主席のスキャンダルをテレビ放送局の雛壇で芸能人が批判したり、嘲笑しながらコメントしていたりしたら即刻刑務所行きでしょう。

5 TOEIC®／英検は英語力を測定するか

TOEIC®スコアと英語のビジネススキルは別物

　私はビジネス英語の研修を20年ほど外資系企業で行ってきました。そこで、非常に興味深いことを知るようになってきました。TOEIC®で300〜500点台の人々でも、プレゼンテーションや会議のための英語表現については、TOEIC®の上級者といわれる700〜900点台の人々よりも印象的かつインパクトがある時が見られるのです。現在、世の中は企業をあげて社員のTOEIC®の点数を伸ばすことに研修を集中していますが、どうもTOEIC®の点数を上げただけでは、生きたビジネス、しかも外国人相手の丁々発止の世界では通用しないようです。

　さらに不思議なこともあります。TOEIC®で高得点を上げている研修者は、ビジネスで使用する英語を聞いていると、ボキャブラリーも豊富で、非常に流暢に話します。それでもこういう人の中には、どうもこの人とは仕事がしたくないなというネガティブな印象を受けたこともありました。すなわち、この人では、現地スタッフとの人間関係や海外での交渉がうまくいきそうにないなぁと思ったのです。

　なぜ、そんなことが起こってしまうのでしょうか。それは、ビジネス英語特有のブラック・ボックスに原因があると思います。一言で言えば、ビジネス英語の世界は、ボキャブラリーの豊富さやリスニングの力があっても、人間的魅力や業務に知悉していなければ、一概に仕事に効力を発揮できるとは言えない場合があるのです。このため、英語の知識を総動員しても、プレゼンがうまくいかなかったり、交渉が暗礁に乗り上げたり、仕事の段取りに失敗してしまうのです。

英語が得意でないグローバル企業の社長

　仕事柄、外国出張した際に、現地支社のスタッフから社長さんや本社経営層に属する方々の英語能力の話を聞くことができます。グローバル企業だから、社長さん以下、重役の方々の英語能力もたいしたものであろうと考えるとこれは間違いで、あまり上手くないそうです。具体的な統計が存在するわけでもなく憶測の域をでませんが、グローバル企業の経営陣にTOEIC®を受けてもらったら600点にも達しないか、仮に600点以上取ったら上出来といってよいかもしれません。

　では、彼らは英語能力のなさをどうやってカバーしているかと現地日本人スタッフに聞くと、その人のパーソナリティや仕事の能力だそうです。ニコニコして相手の話を聞く。下手な冗談を言って周囲を笑わせる。想定問答集を棒読みしないで、助けを借りないで即興でやってしまう。文法に頓着しないで専門的な語彙を使って丁々発止の議論をする。やはり、人間力・専門能力も英語力という仕事上のコミュニケーションを支える一つの重要な要素なのでしょう。これは日本語でも同じです。政治の話になって恐縮ですが、安倍首相は首相会見で事前に用意されてあるプロンプターの原稿をそのまま読む嫌いがあり自分の言葉で考えを発していないと多々批判されることが多いのですが、自分の言葉で考えを真摯に主張することが国民から信頼を勝ち得るのでしょう。

TOEIC® 900点以上でも喋れないわけ

　TOEIC®では、一応の目安として730点以上になると、「どんな状況でも適切なコミュニケーションができる素地を備えている」と明記されています。しかし、TOEIC®で900点以上獲得しても、会社で英語が思うように喋れない人々がいるのはよく聞く話です。

　では、なぜ、喋れないのでしょうか。それは、二つの仮説が成り立

ちます。一つ目は、TOEIC®を昇給・昇格の条件としてやむなく人事考課に使っているからです。評価のために TOEIC®の勉強をして900点以上とっても、その実力を使う機会には恵まれていません。まさしく、ペーパー・ドライバーと同じです。英語のモティベーションはここで途切れてしまいます。TOEIC®でこれからライティングやスピーキングのテストの割合を増やしても状況は変わらないかも知れません。

　二つ目は、企業の TOEIC®高得点者への処遇・配置です。TOEIC®で900点獲得した人に対して、英語のコミュニケーション技術が必要な現場の仕事を割り当てているのでしょうか。苦労して900点以上をTOEIC®で取っても、その実力を現実の仕事の場でほとんど発揮せずに終わってしまっているのではないでしょうか。多くの人々がTOEIC®で800〜900点という高いスコアを獲得した時点で、就職や会社の要件を満たしたため、もう英語の勉強をしなくていいと、やめてしまうのが実情ではないでしょうか。

　これらの人々はせっかく英語の中級・上級のレベルに入ったのですから、もう試験勉強の呪縛から自分自身を解放して日々の英語ニュース内容に英語学習のモティベーションを移し、経営コンサルタントや経済学者である著名なネイティブ・スピーカーのポッドキャストを聞く習慣をつけてはいかがでしょうか。

　一般的な「ビジネス英語」というものは存在しません。もう一度、強調しますが、TOEIC®の実力をビジネスで応用、発揮したかったら、語彙力を増やすより、表現力を倍化するより、特殊な状況（自分が置かれている業界・業務）下にある英語を組み立てるべきなのです。逆説的ですが、この割り切った方法が TOEIC®の高得点を実質的に生かすものとしていきます。TOEIC®で800〜900点以上の高スコアを得ることは大変すばらしいことですが、その後のメインテナンスと学習法が問題なのです。すこし意地悪な言い方ですが、TOEIC®で900点以上の方々に集まって頂いて、報告やプレゼン、模擬討論会をしたら一体どういうことが起こるでしょう。丁々発止のやり取りが展開されていく

でしょうか。私は、残念ながらそんなことはないと思っています。TOEIC®で900点をとることと、英語でビジネスができることはまったく違うのです。

TOEIC®最大の矛盾点は経年劣化

このように、多くの人たちが貴重な時間を費やして獲得したTOEIC®の高いスコアは、時間が経つにつれて、日常の仕事に忙殺されていくうちに忘れられていきます。これはあくまでも筆者の憶測で、図でも示しましたが、3年もすればTOEIC®の実質的なスコアも600点くらいまで落ちていくでしょう。これがTOEIC®をさかんに導入している企業の最大の矛盾点ともいえます。企業側も、TOEIC®を始めとする英語研修をどのように長期的に効果的に持続させるのか、考えねばならない時にさしかかっています。

図6　TOEIC®点数の経年劣化のイメージ

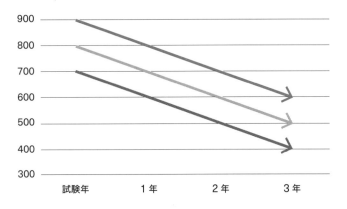

私はやはりTOEIC®の他にも、オン・ザ・ジョブ・トレーニングとして共感力を高めるコーチング訓練、論理力を高めるロジカルシンキングなどの研修も取り入れた方がよいと思っています。さらに、企業

独自の経営課題を探るケーススタディを作成し、社員に英語でディスカッションしてもらえば、会議で頻繁に使われる英語表現の取得、会議の運営の英語表現を通じて、TOEIC® で高得点を達成した後に英語力が落ちていく、英語の経年劣化を防止する効果も生むでしょう。とにかく、人事部、教育研修部にとっても TOEIC の経年劣化は頭の痛い問題です。

第二言語習得論と民間試験

　言語学には、第二言語習得論という研究領域があります。SLA（Second Language Acquisition）といって、どのようにしたら外国語（特に英語）が身に付くか、効果的な外国語学習の勉強法を探る教授法が主体です。しかし、不思議なことに、これらの研究文献を読んでも、民間試験である英検、TOEIC®、TOEFL などにはほとんど言及されていないのです。逆に、これらの民間試験でも SLA についてはほとんど言及されていません。効果的な学習方法はというと、高得点者の個人的勉強方法が成功例として経験談が述べられる傾向が強いのです。

　私は、この実態こそが、教育現場に立つ先生の教育方法に英語習得の理論が活かされていないことを表していると思います。同時に、学校のカリキュラムには民間試験の問題との関連性がほとんどないとも確信しています。中学・高校・大学の先生は、自分たちの英語教育の成果を英語クラス運営の学力向上以上に、英検や TOEIC® などの評価にまかせているのが実情ではないでしょうか。

　こういうわけで、英検1級や TOEIC® で900点以上を獲得した人はみずから英語教育の指導者になり、民間試験で高得点を獲得するためのハウツー本を出版しているのが現状ではないでしょうか。これでは、「どうすれば英語で世界を相手に勝負していけるか」よりも、「どうすれば民間試験で点数を上げていけるか」という袋小路に入っていってしまう悪循環です。現在、文部科学省が民間試験の導入でグローバル

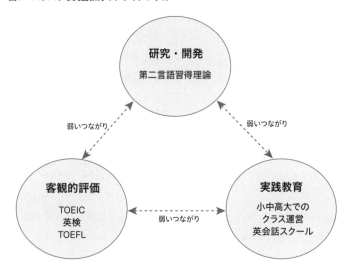

図7　バラバラな英語教育のトライアングル

研究・開発

第二言語習得理論

弱いつながり

弱いつながり

客観的評価

TOEIC
英検
TOEFL

弱いつながり

実践教育

小中高大での
クラス運営
英会話スクール

人材を育成していくとの見解を公表していますが、これはまさに「百年河清を待つ」といった状態であり、このような状態ではいくら経っても、世界で戦える英語人材は育たないと思っています。

人事部のジレンマ

多くの大企業や中堅企業では、TOIEC® の取り扱いをめぐってジレンマに入り込んでいるようです。こうした企業にとって TOIEC® は、実際のビジネスの場面で英語を駆使できる一騎当千の人材獲得をめざす指標ではなく、一応の英語能力を有した社員を採用や昇格試験における一応の目安にすぎないのです。

私は社員の TOEIC® スコアの高さを売りにしている英語教育専門企業のプレゼンテーションに参加したことがあります。TOEIC® 到達度を聞いていると苦笑せざるを得ない時がありました。その理由は、一

図8　TOEIC®の神話

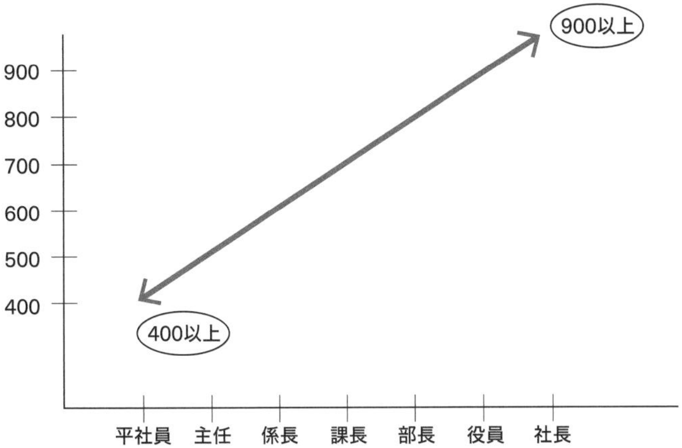
900以上
900
800
700
600
500
400
400以上
平社員
主任
係長
課長
部長
役員
社長

般社員が400点程度で、中間管理職が600~700点程度、経営層になればば800点以上を獲得しなければならないというセールス・トークを展開していたからです。国際化された企業では、このぐらいレベルを上げておくべしという意味ではあるでしょう。

しかし、これは、プレゼンターの潜在顧客が何を求めてTOEIC®に殺到しているのか理解せずにレクチャーしているにすぎないかもしれません。大学生の多くは就職で有利になるためにTOEIC®を受けているのが現状でしょう。企業でも中間管理職の登用試験の一環として行っているにすぎません。英語公用化という法制のもと、日本の企業風土が完全にグローバライズされるならいざ知らず、ほとんどの企業の国際的競争力の源泉・優位は国内に依存しています。これはいかに海外子会社の数が多くとも、海外売上比率が高くとも、グローバルな経営展開は国内の研究開発力・国内発のマーケティング手法に依存しているという意味です。この点で、経営陣であっても流暢に喋れればそれに越したことはありませんが、英語能力はビジネス英語に特化した日常会話レベル程度でよいと思われます。

さらに社内でも「そもそも、社内での英語公用化はそれほど必要なのか」という疑問もでてくると思われます。このように、人事部がジレンマにはまり込んでいる間に従業員は英語学習だけにかまけていれば、会社の屋台骨がぐらついてしまいます。英会話ができればできるほど重役の椅子が近くなると思っている社員がいたら、気休めのシナリオにしがみついた極楽とんぼに近い存在でしょう。

第3章

ビジネス英語の
実践

1 職場での英語：良い例悪い例

専門業務の知識をマニュアル化せよ

ファスト・フードの店に入ると、ビジネスのいろはさえも知らない高校生が「いらっしゃいませ、こんにちは」、「おそれいります」、「ご注文を繰り返させて頂きます」、「ごゆっくりどうぞ」等々、なんの屈託もなく、一人前に顧客に向かって型どおりの表現を放っています。一方で、ベテランでもない限り、彼らは顧客に向かって「すっかり秋らしくなりましたね」、「だいぶお疲れのようですね」といった注文に関係のないことは通常は述べません。

ビジネス英語はファスト・フード店のマニュアルと全く同じです。仮にあなたが自動車部品のシートを扱う企業のエンジニアで、アメリカへ出向する時は、シートに関わる英語、それに関する英語表現を徹底的に覚えるべきです。次に生産管理全体の用語を覚えるべきでしょう。それで十分、出向先の工場で現地スタッフと対等に仕事ができます。エンジニアにとって同じ専門土俵の上（同じインターフェース）で業務を遂行する上で言葉の国境はないからです。

同じように、本社の財務を担当している人は、その企業独自の財務方式、財務一般の単語や表現方式を徹底的に英語で覚えるべきなのです。マーケティング、人事、M&A（企業の合併・買収）、会計の分野で活躍する人は、それぞれその分野に特化した英語をマスターすべきです。経営全般の英語を覚える必要はないのです。ましてや、国際経済や国際政治の英語は覚えなくとも構いません。覚えたとしても、ごく少しの教養レベルの単語でいいのです。

それゆえ、国際事業部に配属されたからといって、国際経営の専門用語をAからZまで覚えようとすることは、私から言わせてもらえば完全に暴挙です。アメリカに長期駐在するからといって、アメリカ経

済の動向を英語でマスターすることは時間の無駄と言わざるを得ません。このような深みにはまってしまうと、NHKの英語講師として人気を博している遠山顕氏が著書の『脱・「英語人間」』（日本放送出版協会・2001年）で言うように「英語に囚われた人々」となっていくのです。

自動翻訳の限界とは

ITの進化で自動翻訳アプリを使用する場が増えています。このままいくと、英語など全く習う必要のない時代がくるかもしれません。しかし、その時代はまだまだ先のことです。

なぜ、自動翻訳がいまだに不完全なのでしょうか。それはコミュニケーションの成立がセンテンス自体だけではなく、それを取り巻く状況（コンテキスト）、文化の落差、顔の表情、声の抑揚、言葉の機微、ユーモアの共有という多種多様な要素に大きく依存しているからです。AIの欠点はあなたの日本語を文脈や状況を考えないで直訳してしまうことです。文章が長くなればなるほど、英語圏の人々には理解できないパラグラフとなっていきます。

たとえば、アメリカの空港で日本人のお年寄りが心筋梗塞の既往症があり、体調がすぐれず検疫所で「胸に爆弾をかかえて旅行しています」とアプリを使って日英で翻訳変換をしたら、空港担当の警察官がその老人を大勢取り囲むかも知れません。自動翻訳を過信してはいけません。

もう一つの例を紹介しましょう。ビジネス英語には、日本語ではごくあたりまえである時候の挨拶がありません。次のような日本語を英語に自動翻訳したら、ビジネス相手のネイティブ・スピーカーは混乱してしまうでしょう。Eメールの発信は鈴木明さん、Eメールを受け取る相手の名前はジョン・スミスさんとしておきます。

謹啓

<u>ジョン・スミス様</u>

貴社ますますご清栄のこととお喜び申し上げます。

さて、突然のご連絡で恐縮至極ですが、<u>来週の木曜日午後2時から事業契約に</u>
<u>関する第一回ミーティングを開きたいと思っていることをお知らせ致します。</u>
<u>詳細については今週の金曜日までにお伝えいたします。</u>

日本にいらっしゃってから約2ヵ月の日々を過ごされたと聞いております。桜
の季節が近づいて、日に日にも暖かくなってきましたが、朝晩は寒さが続いて
おります。お体を自愛するように祈念いたします。

<u>確認のご連絡を頂戴できましたら幸甚です。</u>

まずは取り急ぎのご連絡まで

鈴木明

　では、これを英文にしてみましょう。AIではなく、私が英語にしま
した。

Dear Mr. John Smith,

I would like to have a meeting with you about the
contract next Thursday at 2 p.m. at our head office.
Let me inform you of the detail of meeting by the end
of this Friday.

I am looking forward to hearing from you.

Best regards,
Akira Suzuki

随分短いと思いませんか。元の日本語のうち、下線部の文章だけでO.K.なのです。これが本書で何度も申し上げている日本語と英語の間に横たわる文章作成の違いです。それゆえ、日本語で書いてから自動翻訳機で英語に変換しても、ネイティブ・スピーカーにはぎこちないやや理解しかねる文章になってしまうのです。

スラングは覚える必要なし

アメリカの大都会、ニューヨークやロスアンジェルス、または若者の間で流行っているスラングを覚えて実際使ってみることは、実に格好いいですが、実際、アメリカやイギリスまで行って若者と語りあいながら使ってみる機会は皆無といってよいでしょう。スラングは、短くて1年余り、長くても2〜3年で消えてしまう表現です。日本でさえも、同じ国民でも世代が違えば、30年前に一世を風靡した流行語は、今の若者に伝わる・受けることはありません。同じように、英語のスラングを努力してマスターして覚えることは徒労に終わります。2〜3年前にアメリカで流行したスラングでさえ、現地アメリカ人に言っても通じない可能性もあります。場合によっては場がしらけてしまうこともあるでしょう。

たとえば、アメリカ人が日本国内で「ワイルドだぜー」、「ハッスル・ハッスル」、「フォー」と言ってきても、これら三つの流行語はもはや日本でさえも完全に死語であり、雰囲気はしらけムードになるでしょう。逆に、日本人がアメリカ人に10年も前にアメリカで流行ったダジャレを言えば、彼らは苦笑するか、またはどのような態度で日本人に接していいか、戸惑って分からなくなるからです。このような理由で、スラングを覚えることは時間の無駄と言ってよいでしょう。昔、『捨てる！技術』（辰巳渚　宝島社2000年）という本がベストセラーになりましたが、英語学習で一番覚えなくてもよい知識はスラングと思います。

完璧さに憑りつかれない

　英語のスピーキングでは、完璧をめざすと喋れなくなります。完璧をめざすとは、文法はあっているのか、単語の使い方は、イディオムはこれでいいのかと同時に迷いながら発話することです。まるで、理想の恋人の前で一言も喋れなくなるような状態です。

　間違えてもとにかく喋るのは、いいことです。ただし、間違えたなと疑問に思った文章は後からしつこく直すことが必要です。あやふやに覚えている単語は面倒でも辞書でチェックしてください。またひょっこり同じ単語を使わなければならない場面が多々あります。間違えて、矯正して、また間違えて、さらに矯正していけば、発音も文法もゆっくりと改善していきます。第2言語習得の研究者である羽藤由美氏も述べているように、正確さ（accuracy）も、頻繁に英語を話して書くことによって向上し、効果的に意思を伝達する能力（fluency）が向上していくのです『英語を学ぶ人・教える人のために―「話せる」のメカニズム』世界思想社、2006年）。

短い文章でゆっくり話す

　会話の際、ゆっくり発話することを心がけましょう。ネイティブのまねをして早く喋る必要はないのです。「巻き舌」なんて考えはさけてください。巻き舌信仰は、日本人の英語コンプレックスの典型例でしょう。早く喋る必要もありませんし、早く喋ろうとするから、会話は空回りするのです。特に気取りは禁物です。目的は英語を通して、ビジネス内容を確実に相手に伝えることなのです。慣れてきたら、会話のスピードは自然に速くなりますので安心してください。

　また、会話表現は短い文章がよいでしょう。関係代名詞や関係副詞を使う必要はありません。短くても的確であればいいのです。それだけで相手に自分の意思を正確に伝達するインパクトがあります。だら

だらと難しい文章、特に受動態を頭の中でこねくり回していては、相手とのコミュニケーションの間合いが長くなってしまいます。伝える内容も曖昧になる可能性もあります。下手をすれば、不必要な表現を加えたことで相手に揚げ足をとられることすらあります。能動態を使ってストレート、簡潔に話す訓練をしてください。この「短い文章でゆっくり話す」というコミュニケーション方法は、国際経営の調査で大企業・中堅企業の国際部門を訪問した時、多くのスタッフの方々から鉄則めいて言われたこととして記憶しています。

周囲と比較するな

「英語は度胸」とよく言われます。勇気を奮い起こしてネイティブ・スピーカーに向かって英語を喋ってみましょう。私が長年のビジネス英語研修で気がついたのは、英語を不得手としている人々は、他の日本人の学習者の眼が気になって喋れないということでした。この日本特有の「恥の文化」のために、個人レッスンの英会話学校が繁盛してきたのではないでしょうか。

しかし、英語を上達させるためには、間違っていると自分で思っていても、よく喋れなくとも、日本人の前であっても喋ることを心がけてください。彼らに自分の英語能力を比較されても、評価されても気にしないことです。その態度こそが、「英語は度胸」の真の意味ではないでしょうか。絶えず他の人の英語を気にしていたら喋れなくなってしまいます。結局、ネイティブ・スピーカーが入った商談や会議で、英語の流暢な日本人一人が滔々と発言し、他の日本人は"喋らない"という負の集団同調が働いてしまいます。悪ければ会議に疑心暗鬼の雰囲気を醸し出します。

特に、商談や会議において英語ができる同僚、部下、上司がいても、下手な英語でいいから堂々と使ってみましょう。あなたがたどたどしい英語でも、専門性と誠意を持ってネイティブ・スピーカーとコミュ

ニケートしたという事実を外国人の彼らは評価するでしょう。その姿勢が、英語でビジネスを成功に導くのです。

■ ファースト・ネームに慣れる

　中年になってから英語を始めると、日本文化の特徴ともいえる先輩・後輩、年功序列の体系ゆえ、ファースト・ネームで呼ばれるのに抵抗を感じる人も多いでしょう。仮に、鈴木正雄さんという名前の方がいたとして、アメリカ外資系企業のネイティブ・スピーカーの多い職場であれば、「鈴木さん」と呼ばれることはまずないでしょう。たぶん、MasaoかMasaで呼ばれる可能性は高いと思われます。日本人の感覚で言えば、Masa, Masaと気軽に呼ばれれば、なんだか随分馬鹿にされているなと思われますが、英語圏ではファースト・ネームで呼び合うことが親近感を生み、心の壁を払拭するのです。これは、上司と部下との関係でもそうです。鈴木さんにネイティブ・スピーカーの部下がいれば、そして鈴木さんが有能なリーダーシップを持っていたら、自分をMasaと呼ばせるでしょう。

　面白いことは、初対面でも、アメリカ人はずばり、ファースト・ネームで切り返してくる人が多いのです。私もビジネス英語を企業研修で教えていますが、会ってすぐに相手をファースト・ネームで呼べるかと、研修を受けている参加者に尋ねると、ほとんどの人が、不可能に近いと言います。しかし、ビジネス英語は親近感も業務を成功に導く重要な要素です。How can I call you?と尋ねて、ファースト・ネームで呼び合える好感度の高い雰囲気を作り上げていきましょう。なんて呼ぶか尋ねられたら、私の場合だったらCall me Takeo for short.（短くタケオでいいよ）です。

「ペラペラ」神話に惑わされるな

　英語が喋れるとは、一体どういうことでしょうか。相手と意思疎通が十分行われることであると私は思います。英語が流暢な人でも、英語圏の知識がない人は実際のところ世間話に入っていけません。たとえば、アメリカで現在有名な歌手、映画俳優・女優、歴史的事柄・社会的習慣の知識がなければ、アメリカ人と十分なコミュニケーションはとれません。

　たとえば、あなたは、アメリカのコメディアンを何人知っていますか、そのギャグをすらすら言えますか。TOEIC®900点以上でもアメリカのコメディアンの名前を数人挙げることは難しいのではないでしょうか。逆に、日本に長く住んでいるアメリカ人でも日本のコメディアンの名を挙げることは難しいでしょう。日本人が英語でコメディアンのギャグに言及したとき、たとえアメリカ人がその意味を無味乾燥な文章として理解できたとしても、彼らがオチ（パンチライン）を理解したり、面白おかしく真似をするのはほとんど不可能に近いことです。この意味で、共通の話題が作れないコミュニケーション・ギャップが英会話を難しくしているのです。

　また、ちょっと英語がペラペラだと周囲の人々から「バイリンガル」と誉めそやされる傾向がありますが、本当の「バイリンガル」になるには相当の努力が必要となります。実際のところ、完璧に「バイリンガル」として日本語・英語を駆使できる人はほとんど存在しないかもしれません。これも本書で先述しましたが、バイリンガルと思われる人でも、一日にどちらかの言語を多く利用しているのですから、トレード・オフ（一方がうまくなれば、他方はその犠牲になる）現象が起きます。どちらかの言語能力が高ければ、片方はおざなりになっていくのです。流暢な英語を話す帰国子女の英語を聞いて、彼らの日本語は貧困だと言う評論家もいますが、会話能力のトレード・オフ現象が起こっているのですから当然です。

くどいようですが、ビジネス英語に言及するならば、英語において「聞く・書く・喋る・読む」の高い能力があっても、その専門業務に知悉していなければ、アメリカ人の顧客、会社の同僚や上司とコミュニケーションできないのです。

Is there おばさんの快挙

10年ほど前、私がイギリスのヒースロー空港で見た光景ですが、Is there〜?構文だけを使って日本人観光客に対応している中年の女性ガイドさんがいました。

たとえば、日本の田舎からきた観光客らしき人が、ジュースが飲みたいというと、彼女は、空港職員に Is there a shop for orange juice? と尋ねるし、ある同じツアーの観光客が、飛行機のゲートは何番かと尋ねると、また、通りがかりの空港職員に Is there a gate for JAL ○○○? (○はフライトナンバー) などと聞いているのです。

私は確信を持って記憶しています。彼女が使った構文は Is there〜? だけでした。これで結構、コミュニケーションがとれているのです。つまり、彼女も円滑に仕事をこなしているのです。感心してしまいました。私はこの時、発話者、聞かれた人、質問した人の間でコミュニケーションの理解が共有されていれば、英語能力の是非はともかく、すべては O.K. なのだなと悟りました。もちろん、Is there〜? だけでは、複雑な仕事ができないのは当然でしょうが、その積極的な態度は大いに学ぶべきでしょう。

発音でヘコむな

発音がダメだからついつい会話を遠慮してしまう人も多いのではないでしょうか。しかし、このような態度では新しい人間関係の構築や絶好のビジネス機会を逃がしてしまいます。ネイティブとの会話を通

して発音は上手くなる。これが私の考えです。

　まず、語学は発音からだと思っている学習者がいたら偏見です。発音にはそれほどナーバスになる必要はありません。巻き舌になる極意こそ英語の発音の理想という考えは全くの誤解です。日本人は日本人的な英語の発音、中国人は中国的な英語の発音、ドイツ人はドイツ的な英語の発音があるのです。ドイツ出身でドイツ訛りの強いキッシンジャーは国務長官まで昇りつめましたし、経営学の泰斗として尊敬されるドラッカーもドイツ訛りの強い発音ですが、その講義を学生、社会人はありがたがって拝聴していたのです。シリコンバレーにおいては、グーグル CEO のサンダー・ピチャイ（2020年2月現在）に代表されるように、多くのインド人エンジニアがインド訛りのある英語を話しており、大企業の重要な役職についています。インド人はインド訛りの英語に誇りを持っているのです。

　あなたの英語が伝わらない原因は、発音よりもアクセントの部分に関係する場合が多いと思います。発音が理解できなければ、相手のネイティブ・スピーカーはあなたの発音を繰り返してその単語の意味を聞いてきます。あわてることはありません。間違えても、お互いに、言っている単語の意味を共有できれば、一つの冗談として親密さを増すでしょう。

　また、発音記号を一つひとつ覚えて、その発音記号に相応した単語を丹念に練習する必要はありません。ビジネスに多忙なあなたであれば、リスニングをしてその単語のディクテーションをする時間などないでしょう。リスニングの試験準備のような真似はやめてください。相手は理解できなければ、聞き返して確認します。その時に自分の発音を直していけばよいのです。

　どうしても、ネイティブらしい発音をしたいのであれば、いまやスマホであなたの発音を矯正してくれる無料アプリもたくさんあります。とにかく、発音だけをネイティブに近づけてもビジネスに直結するコミュニケーション能力は一挙にあがることはありません。

アクセントには注意しよう

　上述したように、対面で話していると、発音は相手が直してくれる可能性が高いと言えますが、電話やオンラインの会議になるとそうはいきません。特に発音よりアクセントについては、注意が必要です。というのは、アクセントの位置を間違えてしまうと、ネイティブにはほとんど通じないのです。

　短い文章であっても、英語表現よりも単語で相手が頭を傾げていたら、アクセントに問題があるのではないかと考えてみましょう。特に、四音節以上の動詞・形容詞が文章中にある場合はその可能性が高いと言えます。

　つぎのように、音節が二つ以上ある単語に注意しましょう。

I appreciate it.
感謝します。

　Thank you very much. の代わりに使われる、定番の「お礼」表現ですが、appreciate の母音は、最初の e にアクセントがあります。長い音節で語尾が ate で終わっている場合、その2音節前にアクセントがくることを覚えておきましょう。

　では、もう一つ例を挙げてみます。

That's interesting to me.
それって面白いね。

　interesting は第一音節にアクセントがあります。この音節を外して第二、第三音節にアクセントを入れても、ネイティブ・スピーカーには、ほとんど単語の意味が理解できないでしょう。アクセントはそれほど重要なのです。従って、手元に辞書がない場合や緊急な場合で、

簡単な単語が相手に伝わらない場合には違った音節にアクセントを入れて話すことを試みてください。泥縄式でも、どうにかネイティブに伝わるでしょう。とにかく、大きな声でいろんな音節部分に力をいれれば、単語が間違っていない限り、トホホの心理状態ではあっても最後には通じるのです。

■ 文法に固執するな

　私は20歳代の後半から30歳台の前半まで、オーストラリアに7年近く留学していましたが、大学の同僚や指導教官から、この関係代名詞の先行詞は何だとか、ここは過去完了を使った方がいいとか、文法に関する会話は一切なかったことを記憶しています。

　しかし、日本の状況となると話は一転します。私が主宰しているビジネス英語研修でも、同僚のネイティブ講師は、本国では、ほとんど考えもしない文法事項を受講者に話しだしますし、研修を受ける側の日本人はまるで経典をきくように神妙な態度になります。

　語学学習には大きな勘違いがつきまといます。その一つに、「英語で考える」と言われるフレーズがありますが、これは「英文法で考える」のではありません。英語の論理で英語の表現を口に出せるかどうかということです。特に日本人は英文法の呪縛に縛られているようです。特に、文法さえ習得すれば、会話は出来るようになるという考えは誤解に等しいでしょう。文法もコミュニケーションの脈絡の中で成立するからです。

　日本人は、文法事項を中学時代や高校時代に嫌というほど頭に叩き込まれますが、いざ会話の次元になると、そのニュアンスがわからなくなってしまう場合が多いようです。

　実際、以下のような表現を聞くと状況が理解できなくなる日本人が多いと思います。私は、オーストラリアで生活を始めて数ヵ月経った頃、寮に住んでいるオーストラリア人の学生から次のように言われた

ことを覚えています。

> "Hi, Takeo, I have been to the swimming pool."
> タケオ、泳いできたよ。

　私はとっさにいわれてどういう意味か分かりませんでした。悲しい
かな、日本人の文法重視の習性で、これは現在完了の経験か、それと
も完了かと考えてしまいました。幸いなことに彼がタオルで濡れた髪
を拭いていましたので、ああそうか「俺はプールにいっていたよ」とい
う意味かと察知できました。文法も重要かもしれませんが、その場の
雰囲気から意味を読み取るという文脈も大切なのです。

それでも文法にこだわりたいなら

　それでも文法にこだわり、英文法に沿って正しい英文を用いたいと
考えている方は、ご自身で英語日記を書いたり、SNSの趣味のグルー
プに英語で自分の考えを投稿したり、コメントを記入したりすること
です。後で自分の書いたものを確認すれば、スペルが間違っていたり
文法が間違っていたりするとわかることが多々あるからです。SNSで
はGrammarlyのようなEditing（編集機能）が利用できますから誤りに
気づいたら修正できます。この過程で、日本人にとってやっかいな直
接話法、間接話法、仮定法過去完了、未来完了といった文法上の難点
も克服できると思います。英語の母語話者ではないのですから、一発
勝負でスペル、表現、文法で完全無欠な文章を書くことはできません。
スペルチェックをかけることや推敲を重ねていくところに、スペルだ
けではなく、文法的な視点も入り文章の論理性も増していくのです。

短縮形は英語に慣れてから

英語をネイティブに近づけるために短縮形を勧める教師がいますが、私は、英語の会話に十分慣れてから、短縮形を学んだ方がいいと思っています。たとえば次のようなものです。

let me	→ lemme
want to	→ wanna
give me	→ gimmie
going to	→ gonna
don't know	→ dunno

まずは左側の短縮する前の元の表現が言えるようになってから、右側の短縮形に進めばよいのです。短縮形を使って話すと、はたから見て恰好はいいのですが、重要なのは、英語の表現力を増すことです。それが、英語を上達させる最大の方法なのです。さらに短縮形というのは、同僚、部下には親近感があっていいのですが、上司との打ち合わせ、フォーマルな会議や対外的仕事のメールでは使用しない方が無難です。軽い人間と見られて軽蔑の対象になる可能性もあります。

冠詞や複数形に神経質にならない

特に文法において、単語が単数形なのか複数形なのかと逡巡していたり、その単語につける冠詞が不定冠詞なのか定冠詞なのか考えていて言葉がでてこない人がいます。ビジネスは受験や確認テストではありません。定冠詞のところを不定冠詞で話してしまっても、また数えられない名詞に冠詞をつけてメールを送ってしまっても、契約書以外であれば、ビジネスにほとんど支障をきたしません。また、英語学習に関連するアプリは文法面でのアルゴリズムに優れていますので、文

法のチェック（スペリング・エラー、冗長な文章、時制）アプリをインストールすることをお勧めします。無料でGrammarlyという優れた校正サービスがあります。スペルチェックだけでしたらWordを利用しましょう。

　また、複数形が出てこなくとも、相手が会話の中でチェックしてくれて、複数形で返してくれることもあります。ですから、まずは話したり書いたりしてみましょう。あまりに文法に拘泥すると書くことも喋ることもできなくなってしまいます。

　ネイティブ・スピーカーが、I know what you mean.（お話は理解できています）と言ってくれたら、二人の間で立派にコミュニケーションが成立している証拠です。このような場合、彼らの多くは、あなたの貧弱な英語表現を直してくれるでしょう。この流れで英語を覚えればいいのです。英語表現や単語そのものを間違える時もあるかもしれませんが、場数を踏むことで、これらの間違いは確実に減っていきます。「英語は度胸」です。がんばっていきましょう。

▌ 気軽な言葉に気をつける

　Heyという言葉を聞いたことがあるかと思います。日本人は映画や音楽で見聞きしており、そして、気軽に使えると思っています。しかし、10代〜20代前半の学校生活と違って、実際に話す場所は職場です。Hey, you!（おい、お前）などといったら、相手を非常に不快にさせるでしょう。きちんと相手のファースト・ネームを呼ぶことです。

　また、相手の言っていることが理解できない場合、What?（何？）と言ってしまう人がいますが、これも失礼です。Sorry.やPardon.を使いましょう。

　もう一つ、非常に大事なことを記します。罵り言葉（Swear words）は完全に職場ではタブーと思ってください。たとえば以下の語がそうした言葉です。

shit / fuck / crap / bitch / asshole / bastard / motherfucker

　これらの言葉は（実際はこのような言葉に言及するのは避けたいのですが、敢えて読者の皆さんの後学の知識のために掲載しました）アメリカでは放送禁止用語ですし公共の場での使用は憚られます。日本の職場でアメリカ人から日本語で「能無し野郎」といわれているような感覚です。職場でも気の知れた友達でさえも、これらの言葉を使うのを避けた方がいいでしょう。

　さらに、ビジネス英語では、面識のない外国人には気軽な英会話調でのライティングは避けた方がいいでしょう。Let me see,（ええと）、Well,（さて）、By the way,（ところで）、You know,（あのね）、But（でも）等々です。会話では完全に O.K. ですがビジネス E メールではやや間が抜けています。フォーマルなビジネスライティングでは、By the way, の代わりに Incidentally, を、But の代わりに However, を使うと覚えておきましょう。

自分が使ったことのある表現を使おう

　英語に慣れてくると、高尚な英語表現を使いたいという欲が出てきます。しかし、今まで一度も使用したことのないような表現を口に出すと、相手もおかれている状況に沿った意味の理解ができず混乱してしまいます。注意すべきは、ビジネス英語のテキストで奨励されている表現であっても、あなたの置かれている実際のビジネス状況に適合しないこともあるということです。会議に必要とされている使用頻度の高いテクニカルな表現を覚えて、自分の専門分野のことを話せばいいのです。それで相手が納得すれば、すべては事足りるのです。高級な表現を使うという考えをやめましょう。

別の話として、東南アジア、アフリカからのビジネス関係者との会話では時々観察されますが、自分よりも相手の方が英語力が低いと判断できることがあります。こうした場合は、相手やそのグループの英語レベルに合わせて話すべきです。難しい表現だけで喋れば、会話のキャッチボールができません。コミュニケーションレベルを平明にして、ビジネスを成功に導く正確さにプライオリティを置きましょう。洗練された難しい表現（Pompous English or Posh English）を続けていれば、傲慢、高飛車な態度と見られ、相手は馬鹿にされていると思って彼らの感情を害してしまう場合すらあるのです。

電子辞書を持ち歩こう

　PCやスマホで英単語が検索できる時代に、何をいまさら電子辞書とお思いになる方もいるでしょう。しかし、英語学習者にどれだけの意欲があるかを判断するには、英語を学ぶ時に、辞書が手元にあるというのが指標となります。辞書を持っていなければ、意味のわからない単語はなおざりになりますから英語力はそれほど伸びません。加えて、わからない単語をそのままにしておくのは、英語学習の動機づけの低下につながります。さらに、同じ単語が頻繁に会話や文章中にでてきた時はいらついてしまうでしょう。現在は、辞書も紙の分厚い本ではなく、携帯電話と同じように、電子辞書としてコンパクトに軽量化されています。電車やバスでも使用できるように、鞄のなかに常にいれておく努力をしましょう。

　私も英語研修では辞書を持ってくるようにと参加者の方々にアドバイスしています。辞書も持たずに研修をうけても効果は上がりません。語学へのこだわりの態度が見られないわけですから、このような人は伸びません。調べた単語を一瞬にして忘れ去ってもいいので、繰り返し調べていれば、やがては頭の片隅に残って蓄積されていきます。

　電子辞書は、究極のサバイバル・キットともなります。商談で言葉

に詰まったとき、相手に単語を見せて、納得してもらえばよいのです。お互いを理解しようと顔をつき合わせる行為は、きっとよいコミュニケーションの手段となること請け合いです。

　さらに重要なことは、お金をけちらず、高性能な電子辞書を選びましょう。こうした電子辞書には、英文の沢山の例文が載っています。ここが大事なのです。語学学習において注意すべき点は、単語やイディオムだけを覚えるのではなく、脈絡が理解できる完成された文章の中で理解することです。たとえば、consist ofは「〜から成る」と紋切型で覚えるのではありません。以下のように例文を記憶するのです。

> ## The committee consists of five members.
> 委員会は5人から成る。

　こうして、例文ごと覚えてしまいましょう。そうでないと、読解には役立ちますが、スピーキングやライティングでは、せっかく一手間かけて辞書で引いたconsist ofが使えるようになりません。重要なので繰り返しますが、全体の状況を把握できないconsist ofという単なる知識ではなく、具体的な状況を相手に説明できるような知識を備えることが肝要なのです。こうした辞書にある例文を借用して、英作文やビジネスEメールを作っていけばよいのです。ここで注意しておくことがあります。自分が書いた英語の文章の骨子が英語辞書の例文に載っていなかった場合、その文章は間違えている度合いが高いといってよいでしょう。また、辞書を使うときには、載っている例文そのままでなく、生きている文脈に組み入れることを覚えておきましょう。それでこそ辞書を使う意味があるのです。単語集やイディオムのみを暗記するだけではだめというのは、そういうわけです。

　私がビジネス英語研修をしている時、現在進行形は動詞に〜ingがついて「いま」のことと分かるのだから、nowという語は必要ないと私に食いついた受講生がいました。その時私は、電子辞書に入ってい

るオックスフォード辞典を見せ、多くの文章に now が入っていることを示して受講生に納得してもらいました。

　最後に一言。電子辞書は最近、多機能になって自分が過去に調べた言葉の履歴を見ることができます。これも便利な機能です。「この間、調べたはず」の語が履歴から分かるのですから。さらに、広辞苑やドイツ語、フランス語、中国語も学べる機種が多くなりました。このことからも、電子辞書一つで語学の勉強ができます。ちょっと時間がある時の退屈しのぎともなります。電車の中では、スマホでゲームをやるより、辞書で自己啓発に努めてはいかがでしょうか。

とにかく場数を踏もう

　ビジネス英語が難しいと思われているのは、異文化の経営風土に慣れていないためでしょう。英語圏という異文化に暮らす人々がビジネスにおいて取る行動パターンを知れば、彼らとのビジネスも存外うまくいくようになります。はじめは迷路のようなビジネスの手続きであっても、やがては、自分の頭の中で図式化やマニュアル化できるのです。要するに場数を踏んで、相手の文化をより知るようになればいいことです。

　このことは日本語でも言えます。私が特急に乗っている時、まだ新米の20代前半のビジネスマンが車両のデッキで顧客に電話をかけているのを聞いたことがあります。「もしもし、お手すきでしょうか」と彼は相手に喋っていました。「お手すき」とは上手い日本語だなと思いましたが、彼にとってこの言葉は、数年前の学生時代であれば「御社」と同様、知らなかった言葉でしょう。知っていても、とても友達の前で恥ずかしくて使える言葉ではなかったはずです。そういう語が、数年たらずで堂々と喋れるようになるのです。英語でもそうです。場数を踏んで、ネイティブの英語をどんどん真似ていけば、自信もつき、英語の力は知らず知らずのうちに伸びていきます。

2 ビジネス英語で人間関係を向上させる

コーチングのテクニックを覚えよう

　日本でも、ビジネスにとどまらず、家庭、教育現場、スポーツ界でもコーチングが取り入れられるようになりました。コーチングが2000年代から企業に導入されるようになったのは、従来の権威やスパルタで気合だけの上司の掛け声では人は動かず、さらにはパワハラ・モラハラと指さされる時代状況になっているからです。

　コーチングというのは、Listening（傾聴）を基本としています。こう言うと難しそうですが、Refrain（リフレイン）して相手の感情を受け入れるだけでいいのです。

　　相手：　I am tired.
　　あなた：Are you?

　　相手：　I feel sad.
　　あなた：Do you?

　どうですか？　これならできると思われるでしょう。場面で言えば、相手がいい仕事をしたときは、Acknowledgment（承認）する、相手を褒めるということです。褒めるのは相手の人格を肯定することであり、組織内での相手の存在感も高めることとなります。定番の褒め言葉をいくつか挙げておきましょう。

　I am proud of you.
　　あなたが誇りです。

Well done.

よくやった。

That's the way.

その調子。

Way to go.

よくやった。

コーチングの英語は、感情主体です。本屋にいって「コーチング」の本を2〜3冊買ってきて、日本文を英文に転換し、ネイティブ・スピーカーの部下や同僚に使いましょう。日本文で大丈夫です。コーチング原理はアメリカ発祥です。人間関係は、これだけで結構改善されるものです。

すり合わせの技術

やや、経営学からの専門的な話になりますが、生産工程を日本の本社工場からアメリカやイギリスの子会社工場に技術移転する場合、また、本社ベースでの開発技術を外国のクライアントに英語で説明する場合、日本語と英語では意味上の乖離（かいり）が生じる懸念もあります。日本人が図面をアメリカ人に丸投げの形で渡しても、すり合わせをおこなわない限り彼らにとって理解できない部分があるというのはよく聞く話です。また、東南アジアや中東に勤務した企業の方々からお話を聞くと、現地の従業員が分からない業務につながる会話の個所を自ら日本人スタッフに聞き返さないで後でトラブルになるケースも多々あるそうです。

それゆえ、ビジネス英語は、このギャップを埋めるべく、閉じたコミュニケーションでの相互理解に徹しなければなりません。日本人同

士では当たり前の知識であっても、または、会社内では自明視されている事柄を、日本とは全く違ったコンテキストの経営風土に育った欧米圏の人々や中国・東南アジア、さらには中東、中南米、アフリカの人々にも、業界用語を駆使して、はっきりと理解してもらうことが肝要なのです。「これで相手に伝わっただろう」と「察する」文化の考えでは誤解が生まれます。英語のコミュニケーションではまさに、経営学で言われている暗黙知[注1]を形式知[注2]に転換するワザが問われているわけです。

> 注1：暗黙知……「知識」のうち、勘や直観、個人的洞察、経験に基づくノウハウのことで、言語・数式・図表では表現できない、主観的・身体的な知識を指す。
>
> 注2：形式知……「知識」のうち、言葉や文章、数式、図表などによって表出することが可能な客観的・理性的な知識を指す。

動機づけをする質問

相手に質問をする時、その形には2種類あります。まず、確認を求める単純な Yes/No 型の質問です。次の文をご覧ください。

> ## Have you finished discussing the next project with him?
> 彼と次のプロジェクトについて打ち合わせを済ませましたか。

相手に Yes/No の回答を求める質問ですが、この質問の形では、部下の仕事ぶりはチェックできますが、彼らの考えていることは理解できません。さらに悪いことは、部下自身が考える余地を狭めてしまいます。

質問の形にはもう一つあります。部下の仕事ぶりを認めつつ、自由裁量を広げ、やる気を引き出す質問です。これは、5W1H型の質問が基本となります。部下に対して、What（何）、When（いつ）、Where（どこで）、Why（なぜ）、Which（どれ）、How（いかに）というように、

仕事のアプローチや進捗状況を尋ねる質問です。この形の質問では、部下に説明する判断をゆだねながら、仕事の詳細を尋ねます。具体的には次のようになります。

> Why do you think so?
> なぜそのように考えるの。

　この形の質問によって、上司と部下が相互に仕事の曖昧な箇所を潰し、明晰性を高めていくわけです。まさにトヨタ自動車の社是に近い問題点を要因分析していく「5つのなぜ」です。次に部下に対して、仕事は部下自身の課題であることを示していきます。すなわち、上司が抽象的な質問を避けることで、部下に行動の範囲を自主的に明確にさせ、やる気を出させることにつながっていくのです。もう一つ挙げておきましょう。

> I understand what you mean. So, what would you like to do next?
> 君の言っている意味がわかったよ。次に何をしたいの？

　このように問いかければ、部下は自分で考え、自分の言葉で返答するしかありません。部下を育てるという意味でも、この形の質問をするよう心がけましょう。

肯定的表現を使おう

　前述したことは業務問題を解決していく5W1Hというテクニックだったのですが、何気ない仕事の会話にも肯定的表現を使うようにしましょう。否定的表現ですと気が滅入り相手があなたを煙たがるようになります。

○　How can we increase our chances of success?

どうしたら成功の機会を増やすことができるかな？

×　I think that we are going to fail.

失敗すると思います。

○　Let's take advantage of this opportunity.

この機会を存分に利用しましょう。

×　We don't want to miss this opportunity.

我々はこの機会を見逃したくない。

○　It's a challenging job. I am self-motivated and I can learn quickly.

やる気をそそる仕事です。私は自発的にすばやく学べる人間です。

×　It's a difficult job. I am afraid I don't have many skills.

難しい仕事です。私にそんなに技量はないと思います。

○　I appreciate your advice, but I need to do this on my own.

アドバイスありがとう、でも自分でやってみるよ。

×　I don't need your advice.

君のアドバイスは要らないよ。

　上述した肯定的表現は、英語表現に慣れてこないとなかなか使えませんが、否定的ボキャブラリーは避けながら、否定文より肯定文をつくるほうが前向き人間、やる気のある人間とみなされるでしょう。

相手の自律性を尊重しよう

　日本でもあてはまりますが、突然、断りもなく部屋に入ってこられ、仕事中に話しかけられるのを欧米の人々は極端に嫌います。露骨に嫌な顔をしたり、怒ってしまう人もいるぐらいです。それは、相手の自律性を侵害しているからです。人間は時間的にも空間的にも、自分の中に入ってきてほしくない縄張りがあります。個人を尊重する民主的精神が息づいている英語圏の人々には特に当てはまります。相手の仕事時間、および空間という縄張りに入っていく場合には、一言かけてからにしましょう。

Do you have time to talk with me?
お時間ありますか。

Do you have a minute?
ちょっと、よろしいですか。

　許可を得る言葉として、この2つを覚えておけばよいでしょう。
　もちろん、I would like to talk about〜.（〜について話したいのだけど）のようにポイントを絞って、話題限定で話しかけることです。これは、電話で要件を話す時でも同じことです。Can I talk with you about 〜?（〜についてお話しできますか？）と必ず許可を求めましょう。相手が上司でも部下でも同じことです。
　いつも難しい顔をしている上司に相談を持ち込むのは、お互いに一番のストレスかもしれません。会ってくれない場合もあります。このような時は、具体的な提案に相談にのってくれないかと働きかけることです。直接会うのが難しい時は、Extension（内線）やEメールでもよいと伝えましょう。Slackという業務用チャット・アプリも開発され世界中の多くの企業に導入されています。有能な上司であれば、必

ず時間を割いてくれます。

> I am in trouble with the ongoing project. Can I have a
> word with you for a second? What time suits you
> best?
>
> 今の仕事でトラブルがあります。ちょっとお話しできますか。何時が都合がい
> いですか。

あいづち英語表現は人間関係を深める極意

　現在、職場の人間関係を改善するために、コーチングの原理を取り入れている企業は多くあります。たとえば、先述したように、コーチングには、リフレインといって相手の言葉を繰り返すテクニックがあります。

> I made my boss angry this morning.
>
> 相手：今朝、上司を怒らせてしまったんだ。

○　Did you?

　　あなた：そうか。

×　You are always lazy. You must get your job done
　　punctually.

　　あなた：いつもテキパキやらないからだよ。時間通りにやりな。

　このように、価値判断を入れないで、相手の言葉をそのまま返すことで（リフレイン）、相手が自ら、自分は受け入れられたという感情を持つのがこのテクニックです。ここでのポイントは分析的発言をしないことです。分析的発言は批判につながり、相手に反論の機会を与え

てしまいます。

　また別の言い方ですが、相手の心の中にすっと入るフレーズもあります。

> My daughter got married last week.
> 相手：娘が先週結婚したの。
> Did she? Congratulations!
> あなた：本当？ おめでとう。

> I am going to leave Japan soon.
> 相手：まもなく、日本を去ります。
> Are you? I am sorry to hear that.
> あなた：そうですか、それを聞いて残念だな。

　日本人の多くは、このような場合に Really? をよく使いますが、相手が言った同じ表現を繰り返すことで、それ以上に相手の心情に共鳴していることが伝わるでしょう。

感情的なつながりを意識した表現を使ってみよう

　最近、日本の企業でも存在感を増してきた言葉、Rapport（ラポール＝調和・思いやり）をめざした話し方を試してみましょう。フランス語が語源の「ラポール」とは、もともとは心理学用語で「相互に信頼している状態」を指します。議論や交渉の場において、信頼を得るために相手を軸にした表現をつかうと、会話がはずんでいきます。以下の表現を使って、相手とのつながりを強め、相手の疎外感・孤独感を取り除いていきましょう。

I understand your situation.

あなたの立場は理解できます。

I understand how you feel.

お気持ちお察し致します。

Let's get our heads together.

お互い知恵を出し合いましょう。

相手の術中に陥らない切り返し方

　交渉や議論では、相手が立て板に水で話しかけてきたら、あなたに
TOEIC®900点以上の英語力があっても相手の主張に圧倒されてしまい
ます。意思決定論でいう「フレーミング」の罠に陥る可能性があるので
す。フレーミングとは、簡単に言えば、自分の土俵に知らず知らずに
相手を誘い込み、選択肢をなくさせてしまうことです。

　しかし、心配することはありません。ビジネス英語の本領は、不利
に陥った時の切り返し表現を覚えることにあるのです。相手の意見に
取り込まれるかもしれない、と思ったらこう返しましょう。

I have a different opinion.

私の意見は違います。

My idea is different from yours.

あなたと考えが違います。

　そして、逆に相手を自分の土俵に誘い込みます。

Why don't you think about this matter in terms of 〜?

〜という観点からこの事を考えてみたらいかがですか？

このような軸を設定し、相手との妥協点を探り合っていけばよいのです。また、現地での会議や打ち合わせでは、ダメモトの論理で日本人同士では考えられない発言をする現地スタッフが必ず存在します。その対処の際は、反対である根拠を必ず挙げましょう。そうしなければ、そのスタッフの発言が議事の核となって意思決定に進んでしまう可能性が高くなります。

日本人だけの会議の席では、「同意できません」「反対です」は、きわめてストレートであり、相手の感情を悪くする表現です。空気を読めない奴と後ろ指をさされる場合もあります。しかしビジネス英語を使う場ではそうではありません。是は是、非は非の論理で、ずばり自分の意見をいうべきです。使うフレーズは簡単です。

I don't agree with you.

賛成しかねます。

I am opposed to your idea.

反対です。

ここで、先述した「ダブル・スタンダード」の例を思い出してください。このせりふを、苦虫をかみつぶした顔で言うのは避けましょう。ニコニコした態度のボディ・ランゲージを使って、討論の雰囲気を軟らかくする術を保って是々非々の発言するのが大事です。この関連で言えば、経営用語に Constructive Confrontation（創造的対決）があります。INTEL のアンドリュー・グローブの会議のやり方から産業界に流布され始めました。（アンドリュー・グローブ、ベン・ホロビッツ / 小林薫訳『High Output Management』日経 BP 2017 年）安直、なれ合い的議

論で会議をやっていると経営がおかしくなるという警句でもあります。

　また、相手に自分の言ったことの言質を取られない表現を覚えておくことも必要でしょう。次の表現は、アメリカの政治家が、敵対する党派、市民グループ、ジャーナリストから言葉尻をとらえられないよう曖昧な意味合いでインタビューに対応する表現です。下線部の I would say〜．や as far as I am concerned には「自分（だけ）の意見としてはこうです」という含みがあり、組織の意見や立場として断言していないため、後から逃げられる表現です。押さえておくと便利です。

> **I would say** that the project must be carried out as soon as possible.
> プロジェクトはできるだけ早く履行された方がいいと言っておきます。

> The dispatch of aircraft carriers to Middle East may be right, **as far as I am concerned**.
> 個人的には、空母の中東への派遣は正しいでしょう。

怒るのはタブー

　相手が全く日本語を知らない外国人であっても、口頭で「馬鹿」といわれたら、我々日本人は怒ります。ストレートに自尊心が傷つけられるからです。逆も真なりです。ビジネスの場では感情的な言葉は慎みましょう。たとえば、次のような怒りを表面に出すフレーズです。

> I am angry with you.
> 怒っています。

I am mad at you.

頭にくるな。

You drove me crazy.

君にはいらいらさせられるよ。

I am offended.

かなり頭にくるな。

　これらを相手に言えば、言葉は額面通りに受け取られて、時には、馬鹿にされた、見下されたと憤慨するかもしれません。文化様式が違う人々とは喧嘩の仕方や仲直りの仕方が違います。後から謝ったとしても、関係がこじれて修復不可能に陥ることもあります。ですから、こうした言葉をたとえ知っていたとしても、不用意に電話や会議で使うのは厳禁です。もちろん、"気軽な言葉に気をつける"の項で言及したように Swear words（罵り言葉）を使うなど論外です。あくまで冷静に、表面上はニコニコと、言葉はきっぱりしたビジネス英語で対応しましょう。例えば前項で挙げた、My idea is different from yours.（あなたと考えが違います）を使ってはいかがでしょうか。

「英語」を超えた交渉の掟

　海外業務に関しての交渉は、抜群の英語能力があればそれだけで片づくものではありません。経営学術分野における「交渉学」でよく言われるように、お互いが自分たちの立場に固執していたら、絶対に交渉はうまくいきません。そこでは、お互いの面子（メンツ）だけが先行し、具体的な解決策が何も示されないからです。下手をすれば、交渉は議論から口論、罵りあいへと進み、憎しみ合いと侮蔑で終わってしまうでしょう。

そうではなく、お互いの利害をはっきりさせて、相手の議論のフレーム（議論枠とその価値観）をはっきり分析しましょう。こうすれば問題解決に向けた利害の調整が可能となり、妥協もできるからです。妥協とは、共通の利益を踏まえた選択肢の構築といってよいでしょう。困難な交渉を成功に導くには、ともかく利害の相違を認めて共通点を探っていくこと以外に方法はありません。

　およそ、交渉に「勝った・負けた」の視点を持ち込むと不満が飛び交い、将来に禍根を残します。Win-Win、すなわち双方にとって利点のある関係をどう築き上げるかが交渉に臨む人の仕事なのです。この点で、交渉する人々には、英語の能力以外に、度量の幅や誠実さという人間的魅力も必要なのです。

3 電話の英語は恐れるに足らず

▋ 電話は定型表現で対応できる

　英語が不得手な方は、電話で話すのは気が重いでしょう。しかし、国際事業部、海外出張、外資系企業に身を置く限り、アメリカ人をはじめとする英語圏からきた同僚、部下、上司、顧客と電話でコミュニケーションをとる機会はおのずと増えます。まして、英語圏の日系子会社に派遣された日本人スタッフは、電話の業務なしには仕事が進みません。

　しかし、恐れることはありません。電話の表現は定型パターンで固められているので、いくつかの表現を暗記すれば、相手とのコミュニケーションはとれます。私のビジネス英語研修では、電話の英語の表現から入ります。時間的にはインプット・アウトプットで約5時間ほどで終了です。ワークショップでは毎回最初に5分ぐらい使って電話

の復習から入ります。10回程度の研修で受講者のほとんどは電話のやり取りの表現を覚えてくれます。

とはいえ、リスニングという壁はあります。この壁を乗り越えるにはリスニング能力の向上以外に手段はありませんが、最低限度の電話表現はYouTubeで公開されている電話表現の英語で習得すればよいのです。

電話の相手もだいたい決まりきった定型表現を使ってあなたにコンタクトしてくるでしょう。さらには、仕事内容が共通していますから、仕事の話となれば共通の定型表現で会話できるというメリットもあります。何を言っているのか聞き取れるようになれば、こちらからの返答も可能ですし、内容の確認ができる余裕も生まれます。電話で対応した回数が多くなれば、コミュニケーションの内容にも幅がでてきます。

私のエピソードとしては、オーストラリア、メルボルンの日系の水産会社をインタビューで訪ねた時のことが挙げられます。同じ部屋にいた10人程度の日本人スタッフが全員、電話を通して流暢な英語でビジネスをしていた光景を忘れることはできません。

▍オペレーターが最初の難関

ビジネス英語の初心者であれば、初めて英語を使って電話をする時は誰もが緊張します。相手の話が聞き取れなかったら、Pardon?(え?)といいましょう。スピードについていけなかったら、Could you speak slowly, please?(もうすこし、ゆっくり話して頂けませんか?)と返せばよいのです。

とはいえ、仏の顔も三度までです。このせりふを繰り返していると、相手から怒られて電話を切られます。また、欧米の電話のオペレーターの中には、チューインガムを嚙みながら応対にでる人もいます。これも文化の差と思ってください。話したい相手を呼んでほしい時は、

I would like to speak to〜. (〜さんと話したいのですが) と言えばよいのです。How are you? は必要ありません。It won't be long. という聞きなれない表現が返ってくる場合もありますが、「それほど時間はかかりません」という意味です。定型表現ですからあわてることはありません。

それでも自信がなかったら

　どうしても電話対応の自信がなく、しかも同僚にも頼めない場合、電話でビジネスに関する業務や用事を一つに絞ることです。そして、事前に相手とのシナリオを簡単な英語で作ってください。

　実際に電話をかけたら、シナリオ以外のことは話さないようにします。日常的な挨拶表現もできるだけ避けましょう。秘書とのやりとりで「この間、社長さんにお会いしました」とか「病気だったそうですね」という発言は、あなたの用事とはなんら関係がありません。いったんこのような話題に入ると、英語はぐっと難しさを増します。つまり、話題が「社長とはどこで会ったのか」とか「社長とはどのような病気だったのか」と、ビジネスから逸脱した話題に向かってしまうからです。

　気取らずに「用件だけで行こう」と決めてしまい、「アポイントを取りたい」、「会議をキャンセルしたい」、「午後3時にあなたのオフィスに行く」等々、ワンフレーズで話しましょう。相手も、あなたが英語が苦手であると理解してくれて、ゆっくり喋りかけたりしてくれます。そしてあなたの言いたいことをまとめて確認してくれるでしょう。

　さらに、電話の後が重要です。切った後には、Eメールで電話内容を書いて相手に送ります。こうやって、再度、相手に確認してもらうこともビジネスを成功させる要因です。

▍交渉やクレーム処理は電話以外で対処

　多くのビジネス英語のテキストでは、交渉やクレーム処理についての会話表現がでてきます。しかし、英検1級、TOEIC®900点以上のスコアを持っていたとしても、ビジネス英語に慣れていない状態で、交渉やクレーム処理を電話で片づけることは至難のわざです。

　仮に、電話で無理やりすまそうとすれば、大きな誤解を生むか、相手の条件にうまいように誘い込まれるだけです。電話は情報の伝達や業務の確認作業に限定した方が無難です。

　交渉やクレーム処理をしなければならない事態に至った時は、アポイントをとって英語が堪能な人を伴って直接本人に会うか、Eメールで詳細に事項を説明して解決していった方がリスクは少なくなります。この後でオンライン会議をすることです。一発勝負の電話は避けておきましょう。

4 会議で存在感を高めよう

▍英語会議の意味とは

　会議の英語は、気ままな日常会話と違って議題があり、議題を合意に達するよう持っていく議論が主体となります。それゆえ、会議で使用される会話内容は、重量感をもったスピードボールの投げ合いとなる傾向があります。ボールの投げ合いですから、相手の最後に言った言葉がキーポイントになります。すなわち、最後の言葉をうまく受け止め、相手のミットめがけてうまく投げ返す表現方法を覚えることが必須となります。

　会議は重要なものですが、会議に明け暮れる企業は、遅かれ早かれ

つぶれる運命にあると言われています。また、会議の生産性を上げる経営学のテキストも多く出版されるようになりました。第一に、会議はコストであることを認識しなければなりません。参加するすべての人々が自分の仕事を中断するからです。しかし第二に、自分が評価される場でもあります。会議では、メリハリの効く発言をすることで自分の評価は上がります。一方、議論の流れに沿わない的外れな発言をしたり、全く発言しない場合には、評価は確実に下がっていきます。英語の会議で黙っているのは、会議のメンバーとして価値がないと思われてしまいます。この箇所は貴方の評価に直結しますので次のパラグラフで詳細に後述します。第三に、交渉がからむ会議は、参加者にとってもっとも英語力を試される場所でもあります。しかも、以心伝心でコミュニケーションが成り立つ日本人同士ではありません。このように、異文化という空間での交渉では、自分が思っている以上に相手は歩調を合わせてくれないものです。ここで述べた会議の原則はオンラインの会議でもそのまま当てはまります。それでも、いくつかコツがありますので、ここでお伝えしていきましょう。

ファシリテーターになろう

現在、会議ではファシリテーターという役割が注目を集めています。議長を経営陣・管理職メンバーにしてしまうと、議事進行、意思決定を一人で行う権限が強くなるため、創造的または批判的な意見が出にくくなるという理由からです。

ネイティブの現地スタッフが会議に参加すると、事はさらに複雑になります。アメリカ人が一方的に喋るか、または、英語のできる日本人スタッフのみがイニシアチブを取るものの、会議はギクシャクして長引き、挙句の果ては、強引に結論を出すか、ほとんど明確な結論が出ないで終わる可能性もあるからです。

このような状況を避けるためにも、ファシリテーターというポジショ

ンを置くのがよいと思います。そしてこの役割は、日本人に向いています。なぜなら、日本人は周囲の雰囲気を斟酌して発言の機会を逸してしまう傾向があるからです。ファシリテーターは議論に加わってもらうように会議中に参加者を鼓舞し、参加者から積極的意見を引き出すことが仕事だからです。

　ファシリテーターになると、次のような表現を頻繁に使うことになります。

Kim, what is your opinion?

キム、君の意見は？

Cathy, what do you think about that?

キャシー、それについてどういう風に考えているの？

Tom, why do you think so?

トム、なぜ、そう考えるの？

How can we succeed?

どのようにしたら成功できるの？

Could you give us ideas which will enable us to do it?

実行可能な考えを出してくれませんか？

　どうでしょう。自分でもやれそうだ、と感じませんか。
　ファシリテーターで大事なことは、自らが議論に巻き込まれないことです。これが原則ですから、簡単な英語で議事を進行させることが可能です。初めは緊張すると思いますが、慣れれば、ある程度の表現をマニュアル化することもできるでしょう。

沈黙はタブー

英語の会議では、沈黙はタブーに近いと思ってください。公の場で喋らない風潮は、日本の中学・高校・大学の授業風景を見ても理解できます。これは日本人の波風を立てない「和をもって尊しとなす」という日本固有の文化からきているのでしょうか。アメリカの教育現場では、あるトピックに対してディベートの場と化すことがあります。対して、日本では大学で教壇に立つ教員が「質問はありますか」といっても、積極的に講師に向かって質問を投げ、加えて反論してくる学生はいまだにまれです。しかし、コロナウイルス禍の中でオンライン授業のチャット機能で発言や質問を投げかける学生も多くなってきてます。

学校現場ではこれが当たり前ですが、いざ英語ビジネスの場になるとこれでは通用しません。「沈黙は金」という態度では、英語圏の企業、外資系企業、そして英語圏の人々との丁々発止の交渉では全く不利です。沈黙は、「金」ではなく、「相手の発言に対する黙認・合意」と捉えられかねません。会議では、下手な英語でもいいから、自分の意見を言うように努めてください。繰り返しますが、大事なのは英語力ではなく組織内での高評価、ビジネスで成功することなのです。

居眠りと副業も不可

アメリカ人が日本人と会議をしていて、彼らが一番驚くのは、会議中に自分に関係のない議題では居眠りをする人、会議に他の仕事を持ち込んで副業している人々です。こうした日本人の居眠りは、外資系企業の英語研修を務めている私も、英語圏からきた企業研修担当者からよく聞く話です。

これは、アメリカ人の感情を逆なでするだけではなく、糾弾の対象になります。英語圏の会議では、場の雰囲気を通しての共通参画が重要です。ですから、居眠りだけではなく、会議と関係ないことをあか

らさまに副業として始めることはもってのほかです。さすがにオンラインの会議では衆人環視になりますからこのようなことは不可能と思いますが、一応老婆心から述べておきます。

　最近、「聞く技術」に関するコミュニケーション論がビジネス書でスポットを当てられています。マイクロソフトでは、立って行う会議がありますが、立ち続けて疲れる前に解散するという意味で効率的であるし、会議に参加する全員が集中しなければならない雰囲気が醸成されています。このように、アメリカ人にとって、集中して聞くということは、一つの尊敬を表す態度なのです。ゆえに、アメリカ人が参加している会議では、議長に向かって姿勢を整えます。会議ではなくとも、上司に向かっては、アイコンタクトを取ったりうなずいたりします。何も、Yes, sirとかYes, ma'amだけが英語の尊敬表現ではないことを覚えておきましょう。

　日本人から見て、会議でアメリカ人の態度に驚くこともあります。アメリカ人はしきりに聞いてはいるのですが、興味のない話の時は、つまらなそうな態度がもろに顔に出るのです。日本人同士のように、心の中にしまっておいて態度にはださないという「東洋的な、なあなあ思想」はありません。議論でもかなり単刀直入な意見が彼らから飛び出すこともあります。日本の上下関係にあるように、常に忖度して相手にすり寄る発言を期待していると裏切られます。

KY回避もほどほどに

　KY、すなわち「空気を読まない」という語があります。昔職場で使われていた流行語で、現在は死語寸前ですが、どうも日本の会議は空気を読まない水をさす発言を忌避していると思います。会議では波風をたてないコンセンサスありきで、極端な異論を避ける傾向が高いようです。

　会議を効率的に進めるため、趣旨にあまり沿っていない議論には時

間を割かないというのは正鵠を射た考えではあります。しかし欧米圏では、日本人から見てダメモトそのもの、議長の足元を見るような、さらには会議の雰囲気から考えて触れてはいけないような話題についての提案が出されることも珍しくありません。しかし、大概の場合、発言者が悪意を持って提案しているのではなく、自分の意見を参加者に投げかけて確認していると見てよいでしょう。また、play the devil's advocate といって沈滞気味の会議を活性化させるためにわざと反対意見をだす参加者もいます。ですから、感情的に、特に怒りをぶつけて反論しないようにしましょう。英語での会議というのは、部下が上司の顔色を見ながら発言するといった雰囲気は、よほどのワンマンな経営者の企業以外ではありえないのです。

アイコンタクトの重視

　日本人は相手と喋っているとき、目をじっと合わせることに慣れていません。しかし外国人の場合、相手の目を見て喋る傾向が強いようです。また、会話する時、お互いの距離も近いと思います。特に、相手に尊敬の念を払う行為として、相手の目をじっと見る。それが英語圏の文化かもしれません。私は、アメリカに10年以上滞在している日本人駐在員の方に、アメリカ人の人々は仕事中、どのようにあなたに敬意を払っているのかと尋ねたことがありますが、それは、相手の目を見て喋ることだと教えてもらいました。

　日本では、電車の中や通りでの歩行中に、ガンをつけたとかつけられたとかで喧嘩になることがありますが、目を見る行為に対して喧嘩になるということは、英語圏では見られないように思われます。後のプレゼンテーションの項でも述べますが、アイコンタクトは相手を尊重し、コミュニケーションを効果的にする武器であることは間違いないようです。

Yes と No をはっきり言おう

　英語圏の人々との議論では、気配り、腹芸、阿吽の呼吸、以心伝心、惻隠の情など、日本人同士でなんとか察しがつくコミュニケーションは、ほとんど通じていないと思った方がいいでしょう。

　会議で相手の意見に同意するなら Yes、反対なら No とはっきり言いましょう。繰り返しますが、沈黙は同意を表すことを知っておいてください。事の白黒をはっきりさせない言動は、いくら英語がうまくても、ネイティブ・スピーカーには優柔不断な態度として受け取られます。欧米人や中国人が初めて日本人とビジネスの会話をして「何を考えているのかわからない日本人」との第一印象を持つのは、Yes と No をはっきり言わないからです。英語という土俵での交渉・会議においては、賛否をはっきりさせる必要があることを心に留めておいてください。

　ここで一つ注意事項があります。英語初級者に時々見られる、Yes, Yes, Yes. や No, No, No. と立て続けに Yes や No を繰り返す言い方は、相手を見下しているとみなされ、相手の気分を害してしまいます。Yes や No は一回で十分なのです。

ダメモトの要求への対処法

　日本の経営文化を知らない海外での会議において、アングロサクソンの文化では、日本人としては信じられない法外な要求をつきつけてくる時があります。これは、相手が当たり前の考えを通しているとも考えられますし、ダメモトで要求が半分受け入れられれば御の字と考えているのかも知れません。会議ではここをきちんと考えて進まないと、結論がなかなか出てきません。

　こんなときは、焦ったり、足元を見られているのではと考えて感情的になるのではなく、ポーカーフェイスで、冷静に対処しましょう。

ネイティブ・スピーカーがダメモトで要求してきても、あなたが相手を論理的に説得することに成功した場合、彼らは Of course.（もちろんですね）と、日本人も驚くほどしたり顔で納得して終わる場合も多いのです。

会議は戦場

交渉においてもそうですが、会議の時にネイティブ・スピーカーは、相手が日本人であるからといって、物腰を柔らかくしたり、易しい英語で話したりしてくれることはありません。およそ、あなたの英語のレベルにあわせようとは忖度しないのです。相手はぶっきらぼうにこんな風に言うこともあります。

> I don't understand your English. Let's move on to the next topic.
>
> あなたの英語はわからない。次のトピックにいきましょう。

こうして、会議の最中に頭ごなしに論題をまくしたててきたらどうしますか。プレッシャーのかかるこのような状況では、英語の苦手な人であれば動転してしまうでしょう。しかし気にすることはありません。言葉を慎重に選びながら、論理的にゆっくり自分の考えを説明していけばよいのです。

> Well, let me put it this way. I hope you understand.
>
> では、このように言わせてください。理解してくれると思います。

こうして説明しなおすと、2回目で妙に納得してくれる場合も多々あります。くどいと思われてもあなたが思っている以上に理解してくれることでしょう。とにかく会議では、なんでもいいから議題にそっ

て発言することです。発言しないのは相手の考えに同意したと見られるのです。

対人関係能力を磨こう

初対面のアメリカ人から肯定的に受け入れられるためのテクニックは、英語能力だけでは解決できません。対人関係能力やリーダーシップの有無が評価されます。私の定義では、対人関係能力やリーダーシップとは、自分の意志に相手を受容させ、自分の目的に沿って動いてもらうことです。

この点においては、豊臣秀吉を見ならうべきでしょう。秀吉は「人たらし」と呼ばれました。「人たらし」とは、相手の機嫌を損ねずに、自分の目的に向かって篭絡させてしまうことです。伏見城で徳川家康と会見する前夜、それを渋る家康が就寝する部屋に一人忍び込んでいき「明日はお願いします」と言ったり、小田原北条攻めの時、秀吉に恭順の意を示さない伊達政宗と「つれしょん」で相手を抱きこんでしまったりしたことは、歴史の逸話として有名です。

テレビでの外人タレントが、なぜ、日本で受けるのかがこの好例でもあります。彼らは流暢な日本語ではなく、かなりのあやしい日本語で視聴者から好感を得ています。日本語は上手くないけれど「自分はこんなに日本が好きです」というサインを視聴者に絶えず送っているからです。

このように、ビジネスには英語の能力だけではなく、好感を持ってもらうための対人能力も必要なのです。ビジネスを円滑に進めるためのリーダーシップのない人は、いくら英語が卓越していても、ネイティブ・スピーカーの部下や上司、ビジネス・パートナーと業務や事業をうまくこなしていくことはできないでしょう。

論理展開の表現を身につける

　私の論理展開の表現をインプットとアウトプットの間隔をうまくとりながら受講者の皆さんにワークショップで徹底的に学んでもらっています。まずは、Yes/No Question で即座に Yes と No を言えるようにすること。次に、Yes/No の理由として Because が言えるようにすること。第三に Agree と Don't agree を使って同意と反対意見の英語を言えるようにすること。最後は Suggest や How about を使って提案の文章を作ってみることです。

　見逃せないのが、論理展開をスムーズにする副詞・副詞句の効用です。実にパワフルな論理展開のつなぎの表現で交渉時の説得力を倍増させます。これはビジネス英語では中級以上に入りますが、ネイティブ・スピーカーのクライアントに見くびられないためにも覚えておいて損はない表現です。

In terms of　〜の観点からみて

Under these circumstances,　現状から判断すれば

Otherwise　そうでないとすると

Therefore　それゆえ

According to　〜によれば

Based on　〜に基づいて

Actually　現実的には

Compared to　〜と比較して

Relevantly　それに関連すれば

Consequently　その結果として

　私のビジネス研修では、会議でどのような英語を研修以前に使っていたかを受講生に尋ねると、I think that 〜 と By the way が多かったように思えます。これでは相手に舐められます。現在、ロジカル・シン

キングという経営手法が流行していますが、論理の展開手法こそロジカルシンキングなのです。

■ オンラインのビジネス英語

オンラインでも、ビジネス英語の表現はほとんど変わりません。付け加える表現があるとすれば、Zoom、Microsoft Teams、Google Meetの設定や音量・映像チェック・共有画面のフォローなどの英語表現が加わるだけです。もっとも重要なことは、オンライン会議では雰囲気が読み取れないために、発話を明確にし、聞き手に訴求力を持って、かつ論理的に会話することが求められます。ゆえにトピックから外れてしまうことはオンラインの場をしらけさせてしまいます。怒りや罵りを伴った誹謗中傷の感情的表現は百害あって一利なしです。また、上半身しか見えませんから、アイ・コンタクト、話のリズム、ペース、ピッチ、イントネーションも円滑なコミュニケーション推進の要素となります。

また良い関係性を示す微笑み、リラックスした顔の印象も雰囲気を和らげる大事な要素です。オンライン中は自分の顔をみつめて話すと会議にダレが生じますから注意してください。自分がどのようなしぐさをとっているのか、オンライン会議を収録してフィードバックに努めるべきです。会議が単調にならないために共有画面でパワーポイントや動画も利用することも推奨できます。Chat や Q&A も積極的に活用し、できるだけコミュニケーションをとるようにすれば好印象を与えることができます。議論を独り占めにする人がいたらホストにいうか、ほかの人に発言を回すようにアドバイスしましょう。

5 英語プレゼンテーションで信頼を勝ち取る

プレゼンは発表会ではない

　まず覚えておきたいのは、プレゼンは発表会ではないということです。相手は多国籍の人間である聴衆です。日本人ならば、どんなに下手なプレゼンでもあまり不平をいう人はいないでしょう。しかし、ネイティブ・スピーカー相手ですとプレゼンターが椅子に座りながら配布した文章を棒読みしたり、プレゼンの内容が自分の達成した調査報告にすぎなかったりすれば、「これならプレゼンなど要らない。ファイルで欲しい」とか「出てくるな」という口のうるさい人も少なからずいます。

　また、10分間のプレゼンで50枚に及ぶパワーポイントの図、小さな文字、聴衆側から見えそうにない小さな表、複雑で込み入ったグラフ。聴衆はこれだけで聴くモティベーションを失ってしまいます。1つのスライドはワン・メッセージとしましよう。忘れてはならないのは、プレゼンは決して発表会ではないということです。自分自身や会社の売り込みであることを念頭にプレゼンを展開してください。

　ある日本の大手通信会社がシリコンバレーで非常に素晴らしいプレゼンを行った際、聴衆から、「研究結果は学術的に素晴らしかったが、ところで君は我々に何を売りたいのか」と質問されたというエピソードがあります。これこそ、プレゼンとは何なのか、その要諦をつくと語り草になっている話です。

起承転結のストーリーでは通じない

　プレゼンテーションには起承転結のストーリーを作ると考える人がいますが、これは間違いです。プレゼンテーションは4コマ漫画では

ありません。非常に論理的なスピーチなのです。

　まず、プレゼンテーションの方向性を決める序論があります。必ず、何を主張したいかというイントロダクションを入れてください。ここは、プレゼンテーションで話す内容を聴衆に言うパートです。

　次に本論が来ます。日本のスピーチと違っていることは、本論を最初に分割することです。たとえば言いたいことが3つあるならば、本論に入る前に「今日私が話したいことは3つあります」と、聴衆に言いましょう。また、言いたいことが多すぎるプレゼンテーションはまとまらなくなるリスクがでてきます。3つに絞れればベストですが、なるべく少なくしましょう。発表での内容の区切りを示すために写真などを使った中表紙も有効です。最後に結論がきます。ここで、プレゼンテーションで言いたかったことを要約して聴衆に伝えるわけです。

　場数を踏めば、プレゼンテーションは場の雰囲気にも慣れてきます。論理的に、明快に、簡潔に内容を構築して、堂々と話せばよいのです。

「みなさん、ありがとう」を忘れるな

　プレゼンを始めるにあたって、必ず、紹介者への御礼と聴衆への挨拶をしましょう。これは定型文がありますから安心してください。スピードが幅を利かす時代、こんなことをしなくてもと思うプレゼンターもいると思いますが、これを飛ばしてしまうと、無礼であるという芳しくない印象を聴衆に与えることになってしまいます。面倒でも通過儀礼と割り切って、このように始めましょう。

Thank you very much Mr. XX. I will have a good opportunity to address you on our latest machine .

XXさん、どうもありがとうございます。当社の最新の機械について話す機会をいただきました。

また、プレゼンターは自己紹介の時、自分の名前のファースト・ネーム（名前）とラスト・ネーム（姓）の間にひと呼吸ポーズを置きましょう。そうしないと、欧米圏の聴衆はラスト・ネームを確認できません。

▍言い訳から入るのをやめる

　言い訳からプレゼンを始める日本人は少なからずいます。たとえば、結婚式の時、「私のような若輩者がこのような高いところから」という表現は、日本人の間では礼節さを感じさせ美徳ともいえます。しかし、英語圏の人々、つまりアメリカ人やイギリス人、さらにはアフリカ、中東圏の人々にとっても、故意に日本人が「自分を卑下する」悪い癖と映るでしょう。「私のような若輩者が」はもちろん、「今日は風邪気味です」「英語が下手です」「緊張しています」。これらはプレゼン内容と全然関係がありません。そうした個人の感情表現を言うのは避けましょう。

　言い訳で始まるプレゼンテーションはアングロサクソンの文化と相いれません。特に、「私のプレゼン内容は、まだ生半可の状態で固まっていません」と聴衆の前で言うのは、発表する前段階で自分のプレゼンが失敗であることを告白しているようなもので、タブーに近い発言です。プロ意識に欠けると見られてしまうのです。

　言い訳に関してはビジネス英語を学ぶ方々には見逃せない大きな教訓があります。それは2001年にアメリカで起こったフォードのSUVイクスプローラー横転事故です。この時、ブリヂストン・ファイアストーンの会長であった小野正敏氏はアメリカ議会の公聴会に喚問されました。公聴会での最初の発言は「私はもう60歳後半であり、現在非常に緊張している」と議員達に向かっていった時、すべての議員から「あなたの歳や精神状態を聞きたくもない。聞きたいのは事故のことだ」と非難されたことです。日本であれば参考人の小野会長の言葉を受け入れたでしょうが、アメリカの政治文化では不誠実と見なされた

のです。この映像は NHK スペシャル（2001年3月4日放映『問われた危機管理──650万本のタイヤリコール』）で見ることができます。日米異文化ビジネスの違いを痛感するでしょう。

ボディ・ランゲージの威力

プレゼンテーションでは次のことが重要とされています。(1) アイコンタクトをとる　(2) ポケットに手を入れない　(3) スクリーンに向かって独り言のように喋らない　(4) 前かがみにならず、背筋を伸ばして喋る　(5) 頭や鼻を頻繁にかかない　(6) 眼鏡を外したり、つけたりを頻繁に繰り返さない、等々です。

しかし、これを超える聴衆を魅了するテクニックも存在します。それは声の抑揚と動作です。重要なところは声を大きくして、ゆっくり喋ることです。また、プレゼンテーションが行われる舞台では、聴衆の注意

図9　成功するプレゼンでのボディランゲージ

1 アイ・コンタクトを（特に重要人物には）取れ

2 背筋をのばせ、前かがみになって喋るな

3 ポケットに手を入れるて喋るな

4 独り言のようにスクリーンに向かって喋るな

5 ポインターやレーザーポインターをプレゼン中に手でもてあそぶな

6 眼鏡を外したりつけたりを繰り返すな

7 頭や鼻を頻繁にかくな

を引くために、重要なところで、特定の聴衆のところに言葉をかけながら行き来することです。仮に出席者で意思決定の権限を握っている経営層のかたがいらっしゃれば話の方向を彼らに向けるべきです。

　20世紀後半の成功をおさめた企業家の筆頭にあげられてもいいアップルのスティーブ・ジョブズのプレゼンを思い出してください。彼はプレゼンの間、壇上の端から端を何遍も歩き回り、また独特の着こなしで聴衆を魅了しました。

　日本でも、ずいぶん昔の話ですが、絶妙の司会でお茶の間の話題をさらったみのもんたの「おもいっきりテレビ」はプレゼンを成功に導くヒント満載の番組でした。番組の始まりでは、彼は体を動かさず静かに視聴者に語りかけます。番組が進むにつれて、この番組に参加している中高年の女性に大きな声で話しかけていきます。グラフ・表・写真を説明する時は、神妙にそして期待感を込めたりして、声を低くしたりします。彼は動作の「静と動」、声の「高低」抑揚という、二つのテクニックを縦横無尽に使いこなしていたことが理解できるでしょう。

聴衆の注意を引くテクニック

　プレゼンテーションには、ハーム（HARM）と呼ばれる、聴衆を引き付ける効果的テクニックがあります。ハームとは、聴衆が現状維持を続けていたら、競争に負けて損失を被るという注意喚起です。一言で言うと、他社製品の利用をやめて自社製品を購入しろということですが、この場合、競合企業の製品の悪口はいわず、統計を使って、聴衆に自社と他社の製品を比較させたり、今後のイノベーションの動向を予想させたりして、新しい認識を植え付けるのがポイントです。そのために、must（〜しなければならない）や should（〜すべきだ）をプレゼンテーションの台詞に入れておくと、無意識に聴衆の注意を喚起できることがあります。要は、どれだけあなたのプレゼンテーションに聴衆を引き込んで傾注させるかが問題なのです。やや聴衆の注意が途切

れていると感じていたら、問いかけのフレーズやスライドをプレゼン中に準備しておくことも一つの効果的アイデアです。これで、また聴衆の集中力が増していくでしょう。

　また、売り込みのプレゼンでは、できるだけ文章を肯定文にした方がよいでしょう。プレゼンターの印象がよくなります。問題解決型、提案型のプレゼンを志向しながら、Action Verbを使うようにしましょう。Action Verbとは表現をダイナミックな印象にする動詞群です。これらの動詞を積極的にプレゼンの台詞に使用していきましょう。Action VerbはGoogleで検索すれば、そのListが簡単にでてきます。

Action Verbの一例

Suggest　提案する

Let me suggest a satisfactory solution to the problem.

この問題への満足すべき解決策を提案させてください。

Advise　アドバイスする

I advise all the employees to leave the office before evening.

私は夜になる前にすべての従業員が帰宅するように忠告します。

Recommend　勧める

I strongly recommend that Tom should be promoted to the general manager.

私はトムが本部長に昇格すべきと強く思います。

Contribute　貢献する・寄与する

Our company is contributing time and energy to the sufferers incurred by tsunami.

わが社は津波で被害にあった被災者に時間とエネルギーで寄与しています。

Improve　改善する

You may be able to improve your English proficiency in a few months' time.

あなたは数ヵ月で英語の能力を改善できるでしょう。

ジョークはやめた方がいい

　日本人にとってうけるジョークでも、外国人には文化的背景が違うので大きなリスクを伴います。ジョークを言っても、聴衆がそのオチを知らずに会場がシーンとしらけている場合もあります。ジョークは相手の文化的背景を知った上で、やや英語能力が向上してから試みた方がよいでしょう。

　また、プレゼンでは、たとえ話をする時でも、政治と宗教、性の話は避けた方がいいでしょう。ほとんどがアメリカ人と思っても、イスラム教の人もいます。中国に出張してプレゼンの席で政府批判の話をしたら大変です。セクハラ発言に敏感な人や LGBT の問題に詳しい方も参加されているかもしれません。自分の国の文化を規準にした下手なジョークは、どんなよいプレゼン内容も台無しにするどころか、炎上のもととなりかねません。プレゼンの録音や撮影がされている可能性もあることを忘れないでください。

プレゼンは終わってからが本番

　日本人のプレゼンターの多くは、自分の結論 (Conclusion) を出せば、そこでプレゼンは終わる (Closing) と思っています。しかし、多くの欧米圏の人々は、そこからプレゼンの検証が始まると認識しているのです。

ですから、プレゼンターは、質疑応答の英語も覚えなければなりません。ここに、民主主義が根付いた欧米圏のディベート文化があるような気がします。Thank you for listening to my presentation.（ご清聴ありがとうございました）と、プレゼンの終わりであることを告げたら、次には Do you have any questions?（なにかご質問はありますか？）と、質疑応答に入ることを聴衆に知らせなければならないのです。

　さらに質問の時間は質問した側がプレゼンターの情報を再確認さらには深堀する機会です。お互いの立場の言い合いになるということもあり、プレゼンターと質問者の出来レースでは終わりません。代表例は日本の総理が行う記者会見です。日本では記者は質問するだけで、総理は自分の考えていることで事足りなのです。一方、アメリカの大統領会見では大統領と記者との間で喧々諤々の討論が時としておこります。

　このようにプレゼンターと質問者の間に討論がおこるということも考えておきましょう。時間があるならば、プレゼンテーション前に想定される質問を考えながら、その答えも英語で用意しておくといった英語版の想定問答集も作っておくことが無難です。質問者の投げかける問題に全く答えられないようであれば、あなたのプレゼン内容がどんなに素晴らしくても信頼度が下がり印象も薄いものになってしまいます。もちろん、プレゼンが終了したあとのコンタクト先を最後のスライドに入れておくのを忘れないでください。

VTRで必ず確認しよう

これは企業研修でのプレゼン指導に携わる方へのアドバイスですが、必ずVTRを使って受講者を撮影し、それを受講者自身にみてもらい他の受講者からコメントをもらうことです。私もビジネス英語研修ではこの方法をとっています。この方法のもっとも効果的な点は、プレゼンターとしての受講者が自分ではやっているつもりはなくとも頭を掻

いたり、眼鏡をとったりはずしたり、お尻を聴衆にむけてモニターを見ながらプレゼンしたりする姿を自らチェックできるからです。聴衆はあまりに特異なしぐさを繰り返すと、そのしぐさに注意を引き付けられプレゼン内容は二の次となる笑えない結果を生むこともあります。VTRでのチェックで受講者がプレゼンをしている間、リラックスしているつもりで、実際は直立不動でいる自分の姿をみて自嘲している場面も多くみてきました。ただ、頭の中でプレゼンの効果的秘訣を覚えて台詞を暗唱するだけでは、プレゼンのワークショップとしては成功とは言い難いでしょう。最低でも鏡の前でしぐさをチェックすることは肝要です。

6 ライティングを克服しよう

英語は階級語

　英語は身分、所得、学歴によって話され方が違います。欧米圏の有名大学の出身者はそれ相応の語彙力を持ち、表現力も豊かです。彼らは語彙の豊富さと自分自身の表現力に誇りをもっています。私はイギリス、アメリカ、オーストラリア等の英語圏の調査で訪問企業の現地のスタッフに対して、英語でやや難しい単語を使った表現をすると、よく Good English と言われました。

　日本語では、そんなことはありません。たとえば、一蓮托生、呉越同舟、四面楚歌といった四文字熟語を会話の中に入れれば、とてもいい「日本語ですね」と褒められるどころか「小難しい表現を知っていますね」といやみを言われたりして、場をしらけさせてしまうこともあります。私がオーストラリアにいて大学院博士課程の論文を執筆していた時、オーストラリアの友達に草稿を見せたら、「お前は大学院で学

んでいるくせに小学生や中学生くらいの単語を書いているのか」と馬鹿にされたことがありました。

　英語のボキャブラリーには同義語がかなりあります。その同義語の中で、格調高いものを選んでいく作業が英語圏の人々の文化の中にあるのでしょう。

　とはいっても、もちろん、これは欧米圏の高学歴の人々との間でなされる Good English の会話の話です。会話の場所や人間関係をわきまえないでやたら難しい英語を使ってしまうと、Posh English（軽蔑的に上流階級で話される気取った英語）とか Pompous English（言い回しが大げさな英語）とか言われるでしょう。場面に注意して使い分けましょう。

▌なぜ英語の原著は翻訳本より薄いのか

　これもオーストラリアの大学院に在学していた際の貴重なエピソードですが、論文では、3〜4語を使う表現を一語で言えるような単語・動詞を探せと指導教官に言われました。たとえば、「私は文章をさらに具体的にします」という日本語を英文に直した場合、普通はこんな感じになりますね。

> I want to make the sentences more specific. (8 words)
> この文章をより具体的にさせたい。

　語数を減らして、インパクトのある動詞を使うとこうなります。

> I want to articulate the sentences. (6 words)
> この文章を明確化させたい。

　下の方が、文章としてより洗練されているのです。みなさんは中学

校で習った因数分解を覚えていることでしょう。足し算や引き算で表されている数式を、かっこでまとめたかけ算の形にすること、言い換えれば数式をまとめて短くすることです。$x^2 + 2ax + a^2 = (x+a)^2$ などという式がこれです。数式の左右を比べると、右側はすっきりコンパクトになっていますね。

　英語が論理的であるというのは、ごてごてした文章を嫌って因数分解のようにコンパクトにまとめるという要素があるからかも知れません。そのため、英語の文章は語数が少なく、結果として日本語に翻訳した本は原著より厚くなる、逆に言うなら原著は翻訳本よりも薄いという仮定も成り立ちます。

　英語には「言葉数が多い」という意味の repetitive、wordy、redundant、verbose という単語があります。どちらも、マイナス要素の方が強い単語です。英語圏では文章がゴテゴテしているのは悪文なのです。文章は短めを心がけて、ことにビジネス場面では曖昧さ (nebulous、dubious、obscure) を避けるためできるだけ文章を簡潔にすることが必須です。

　さらに、形容詞、副詞を不必要に多く使うことも英語の校正者からは嫌われます。基本的な構文のなかに形容詞・副詞的要素をイメージさせる文章を練り上げていくのです。次の文章を見てください。

Cold winter tends to make us depressed. (7 words)
寒い冬は私たちの気を滅入らせやすい。

　冬は寒いので、冷たいという形容詞は必要ありません。tend to も、winter という陰鬱な気候から傾向が推し量れるので必要ありません。校正後の文章はこちらです。

Winter makes us depressed. (4 words)
冬は私たちの気を滅入らせる。

このように、簡潔ですぱっとした表現の短文を多く使うのがビジネス英語と心得てください。

A4の紙1枚の秘密

　私はオーストラリアに留学する前の日本にいる時、受験構文を基本とした英作文や、文法中心の短文しか書いたことがありませんでした。オーストラリアの大学院に入る前、メルボルンの英語学校でA4の紙にレポートを練習で書いていた時、文章の冒頭をすべてI（私は）で始めていました。すると担当の先生に、文章が幼稚で見苦しいから、YouとかHeを文章の主語に転換して、時には受動態にして文章に変化をつけろとアドバイスされました。

　大学院に入ってからは、A4の紙に論文を書いている時、同じ言葉をA4の1ページの中で何度も同じ言葉を使ってはいけないということを指導教官から教えられました。文章にはずみがなくなりmonotonous、tedious（単調）になってしまうのです。普通の日常伝達事項では構わないと思うのですが、こと論文や対外折衝の交渉メールでは、その人の教養度がでてしまいます。前にも書いたように英語は階級語です。ボキャブラリーの豊かさが教養を表すのです。

　たとえば、A4で「〜を描く」という表現を数度使用する場合、describe一語で済ませてしまうのではなく、depict、delineate、illustrate、outline等、類語で入れ替えていくテクニックが、「この人は英語を知っている」という印象を作り上げ、信頼をより勝ち取れるのです。私は一度大学でアメリカ人の同僚が帰国しアメリカ企業に転職する際、履歴書につけるカバーレター（就職希望の動機の添え状）を見せてもらったことがありますが、格調高い単語で埋め尽くされていました。外資系企業へ就職応募の際に履歴書の他にカバーレターをつけますが、ありきたりな言葉（Cliché）の英作文ではなく、リーディングで培った英語らしい文章で臨めばきっと採用担当のネイティブ・ス

ピーカーの目にとまるでしょう。

ライティングは英語の中で一番難しい

　英語は、スピーキング、リーディング、リスニング、ライティング
の４つに分別できますが、私はこの中でライティングが一番難しいと
思っています。パラドックスめいていますが、英語で書かれたライ
ティング上達のノウハウを詰め込んだ本を、日本語に翻訳することは
できません。これは、英語を第二言語として習得する人々にとっての
隠れた壁です。プロのネイティブ・スピーカーによって書かれた英文
を、日本語を通さず英文として読んで理解しなければならないから
です。

　ライティングの難しさを象徴するものとして、英語圏の国々におい
てもライティング教室がビジネスとして成り立っています。日本で日
本語のライティング教室があるのは小説家やライター志望向けで、文
章上達のための一般向けの講座はあまり聞きません。一方、アメリカ、
イギリスなどの英語圏ではネイティブ・スピーカーのためのライティ
ング・コースを開講している大学、コミュニティカレッジ、オンライ
ンコースが数多く存在します。英語圏でも現場での管理業務は得意で
あっても、メールや報告書などで簡潔で論理的な文章を書くことが不
得手な人が大勢いると想像できます。特にビジネスコースでは、引き
合いやクレーム、交渉でライティングに苦労している人々も数多く存
在するために、高い需要があるのでしょう。

　ライティングの怖さは、書いた文章がその人の教養を表すだけでは
なく、文章として動かぬ証拠になってしまうことです。「言った、言わ
ない」の水かけ論議はありません。特にメールやチャットを発信した
後は取り繕うことはできないのです。これはビジネスのみならず勉学
面でも同じです。私がオーストラリアの大学院に在学していた際、指
導教官と話をすると立て板に水というぐらい弁舌さわやかなオースト

ラリア人の男性大学院生がいましたが、論文は冒頭の数ページしか書けませんでした。彼は結局退学してしまいました。

英作文と英文ビジネス E メールの違い

英作文とは日本の公的な英語教育、受験文化に大きく影響を受けたもので、文法や構文などを理解しているかという知的確認作業です。一方、ビジネス E メールは、要件が大事であり、Dear で始まる、相手を尊重した英語なのです。メールで Dear を入れ忘れて、名前から直接書いてしまうのは大変失礼です。

ビジネス E メールは、英語圏で頻繁に使用されている文章と割り切った方がよいでしょう。そうすれば「型」を覚えればよいと納得できます。さらに言えば、英語をより実践的なものにしたいならば、前にも述べたように、英語教育でのおさらい感覚や受験英語の文化から脱却した方がいいでしょう。

たとえば、英作文で受動態、分詞構文の文章を作り上げなさいという問題は大学入学試験でよく出ます。このような文ですね。

I was told to visit the subsidiary in London by the president.

私はロンドンの子会社を訪れるよう社長に言われました。

しかし、ビジネス E メールでは、このように受動態を使うよりも能動態を使いましょう。

The president told me to visit the subsidiary in London.

社長は私に、ロンドンの子会社を訪れるように言いました。

この方が、文章が堅苦しくなく、ダイナミックで活き活きしてい

す。受験英語と違うと言えば、分詞構文もそうです。昔習った英作文を使って、こんな文章を書く人は多いものです。

> Waiting for Mr. Nakayama in the lobby, I happened to meet his colleagues.
> 中山さんをロビーで待っている時、彼の同僚にたまたま会いました。

これも、ビジネスEメールではあまり使用しない方がよいでしょう。

> I happened to see his colleagues while I was waiting for Mr. Nakayama in the lobby.
> 中山さんをロビーで待っている時、彼の同僚にたまたま会いました。

　こうして接続詞を使った方が、文章に明晰性がでてきます。分詞構文はアメリカの代表的新聞では格調の高い表現として目に入ることはありますが、およそ、ビジネスEメールでは、業務の正確性を期するために分詞構文が頻繁に使用されることはめったにありません。

口語と書き言葉の違い

　日本人の多くが誤解している英語学習として、喋る言葉と書く言葉が一緒であるということが挙げられます。しかし、英語ではこの二者は完全に違う言葉であると思ってください。
　口語と書き言葉の違いを簡単な例で説明しましょう。日本語で、「しかし」と「でも」を、公的文書と友達への話し方で使い分けるのは一目瞭然です。就職の履歴書や契約書に「でも」という言葉は入れられません。こんなことをしたら教養・品位を疑われます。
　英語でも同じです。ビジネスのEメールでは however, を使い、but が出てくる幕はほとんどありません。ショートメールで友達などの気

心の知れた関係では but で全く問題はありませんが、お金がからんで くるビジネスでは正式な英語を使うべきなのです。

　同じように、口語表現をたくさん覚えたからといってビジネスの文 章に転用することは危険です。相手に軽薄な人物と思われる可能性も 高いです。

ブロークン・イングリッシュは通じない

　ライティングで英作文にも英文 E メールにも共通しているのは、ブ ロークン・イングリッシュではネイティブ・スピーカーには通用しな いことです。喋っている相手が見える対面の会話であれば、身振り・ 手振りで相手の言っていることがなんとかわかりますが、相手の見え ないメールではブロークン・イングリッシュでは通じません。

　「来年、貴社との契約を更新しません」と言いたいとき、単語だけを 並べて Next year, not renew, your company. We と書いてしまっては 暗号に近くなってしまいます。テレビ番組で日本人のお笑いタレント がブロークン・イングリッシュを使って番組を面白おかしく盛り上げ ていますが、このような行為は英語習得、特にビジネス英語を書く場 面ではタブーに近い行為です。

文章を盗め

　日頃から英文に触れる機会をつくり、自分がわからない文章や感動 した文章をブログや SNS の中で真似て使っていきましょう。英語での リーディングの効用は声に出して読んだり、わからない単語を調べる ということだけではありません。リーディングを通して英文が書ける ようになる。これがリーディングの本質であり「文章を盗む」というこ とです。ネイティブからもらった Email text（メール本文）で気に入っ たところがあれば、それを積極的に使いましょう。日常のビジネス英

語でよく使われる文章をちょっと真似たくらいで著作権を侵すことにはなりません。

　真似る材料としては、原書の TIME（タイム）、Newsweek（ニューズウィーク）、WSJ（The Wall Street Journal：ウォール・ストリート・ジャーナル）、The Economist（エコノミスト）がお薦めできます。特に、ニュースの場合、日本では報道されていないかなり重要な内容もありますので、英語を習得することで情報量の幅が広がることが実感できるので一石二鳥です。また、英文 E メールのレファレンス本を2〜3冊くらい机の上においておくことです。それを雛形として参照していけば、英文らしい文章をつくる基礎となっていきます。

「強調したいこと」から英文を作り上げる

　ビジネスでの交渉は論文と同じです。初めに序論のようなものがあり、それから交渉の理由を語り、一つひとつ区切って語り、最後に結論を述べていきます。交渉相手に対し、「以心伝心」や「腹芸」は通じません。

　序論から理由、一項目ずつの分割、結論といった英語の文章を作るのが難しければ、「一言でいいたいことは何か」という観点から英文を作り上げていく訓練が効果的です。これには、日本の武将の手紙の言い伝えが非常に役に立ちます。

　　　『一筆啓上　火の用心　お仙泣かすな　馬肥やせ』

　これは、徳川家康の家臣、本田佐久衛門重次が戦場から妻にあてた手紙です。手紙の中で彼が言いたかったのは「火の用心・お仙という子どもを泣かすな・馬に餌をやれ」というものです。あれもこれも書きたいという執着を離れ、核心だけを残すといった非常に簡潔な文に徹底したことから手紙の基本と言われています。

また、Eメールにおいては、要求は一つに絞った方がいいでしょう。あれも、これもと要求を書くとEメールの焦点がぼけて、読み手もどの要求を優先していいか迷ってしまいます。内容の違う要求であれば、面倒でも改めて違ったEメールで相手に送るべきです。Eメールでは主題は一つに絞り、重要な話題がもう一つある場合は別のメールにした方が無難です。

　最後に、このところSNS等のショートメールが盛んではありますが、文脈に沿って論理的な文章を書き上げることができないため、ルーティンの仕事以外の契約や交渉をめぐるメールのやり取りはPCやタブレット端末のEメールフォーマットを使用して文章を練り上げていった方がよいでしょう。

▌Eメールの文章を直されたら

　英語のスピーキングやリーディングで間違いを指摘されても、「ああ、そうか」と納得して受け入れる傾向の高い日本人ですが、ことライティングになると、訂正されるのを非常にいやがる人も多いようです。時にはパラグラフ全体を否定されて訂正される場合もありますから、何か人格を否定されたようなイラっとした経験がある人もいると思います。

　しかし、英語の熟練した人やネイティブ・スピーカーが直す時は、文法に問題があるというよりも、その文章の言い回しの訂正、論理性の欠落やくどい言い方を訂正してくれているのです。言い換えれば、文法だけ直してくれというのは問題なのです。「あなたの英語で通じるけれども、英語圏ではこういう書き方はしないよ。ネイティブ・スピーカーはこのような言い方はないよ」という貴重なアドバイスなのです。教えてくれているのですから、このような訂正が入ったら、むしろ喜んで受け入れるべきです。「良薬は口に苦し」の格言を思い出しながら英語力を向上させましょう。

時候の挨拶は要らない

　AIの限界を示すものに文化の落差があります。将来は、文化の差を
さらに測定して、読み手の文化に沿った文脈に合わせることができる
AIがでてくる可能性もありますが、現在はまだそこまでには至ってい
ません。

　たとえば、企業間（企業—個人）において、初めてメールや手紙を出
すとき、社交辞令的文章として「貴社ますますご清祥のこととお喜び
申し上げます」「猛暑が続きますが、ご自愛ください」といった表現を
日本では文頭に挿入します。しかし、英文にはこのような文化的通過
儀礼（ある文化に存在する独特の習慣）はありません。知識としてわかっ
ていても、ついつい英語でそういったことを書く日本人も多いのです。

　最悪の場合としては、日本語の手紙の書き方のレファレンス本に依
拠して、ビジネスEメールを海外の企業とやりとりする人々もいるか
も知れませんが、それはまったく意味がありません。英語の文章がた
とえ文法面から見て正しくとも、相手からみれば、まるで暗号文に見
えるかもしれません。これが日本語・英語の間の書面文化の落差とい
うものです。ビジネス英語では、要件を初めから単刀直入に言えばよ
いのです。

文章の繰り返しは避ける

　日本語と違って、英語では、くどい、繰り返しのある書き方を嫌が
ります。次の例をご覧ください。

> Recently, my mother looks smaller because I am
> becoming taller than her.
>
> この頃、おかあさんは小さく見えます。それは私の身長が伸びているからです。

日本語訳を読むと自然な文に見えますね。しかしこの場合、英語では自分の身長を語ることは必要ないのです。従って上の文章は "なぜ英語の原著は翻訳本より薄いのか" のところで前述したように repetitive（繰り返しが多い）、redundant（冗長）ということになってしまいます。英語には日本語と違い、文章は繰り返しを避け、かつできるだけ短くすることが論理的で説得的になるという思考様式が内在しています。

長い文章は二文に分ける

　この項では繰り返し「文章は短く」と述べてきましたが、もうすこし踏み込んでみましょう。大学受験では、関係代名詞や関係副詞を習いました。ですからビジネス英語、特にライティングでそれらを使いたい誘惑にかられる人が多いのです。しかし、文章は二つに分けた方が明瞭になります。たとえば、関係代名詞を使って次のような文を書く人は多いものです。

> Mr. Yamada happened to meet Ms. Robson in Shinjuku with whom he was anxious to consult.
> 山田さんは、相談したがっていたロブソンさんと新宿で偶然に会いました。

　この文を以下のように直した方が、コミュニケーションの流れがよくなります。

> Mr. Yamada happened to meet Ms. Robson in Shinjuku. He was anxious to consult with her at that time.
> 山田さんはロブソンさんと偶然に新宿で会いました。その時、彼は彼女に相談したがっていたのです。

　もう一つ例を出します。今度は関係副詞です。

> Mr. Jones is going to visit the famous museum located 30 kilometers west of Tokyo where many Japanese traditional paintings are exhibited.
>
> ジョーンズさんは、多くの日本の伝統的絵画が展示されている東京の西、30キロにある有名な美術館を訪問します。

関係副詞を使わずに文章を二つに分けると、以下のようになります。

> Mr. Jones is going to visit the famous museum located 30 kilometers west of Tokyo. In the museum, he will be able to enjoy many Japanese traditional paintings.
>
> ジョーンズさんは東京の西30キロにある有名な美術館を訪問します。そこで、彼は多くの伝統的な日本絵画を堪能します。

このように、ビジネスEメールでは長々と格調高い文章で相手に迫るのではなく、わかりやすい文章で速やかに相手を納得させていくものと理解してください。

返信という確認事項

ビジネスでは、確認メールを求めることは多いと思われます。しかし、外国企業とのやり取りのメールでは、「返信お願いします」の一文を入れないと、返信文が送られてこない事が多々あることに注意してください。

日本語のように、「よろしくお願い申し上げます」とか「一つご勘案ください」と遠慮がちな言い方をAI翻訳機能で英語にしてメールを出していたら、いつまでたっても返信が届かないことがあります。

「返信お願いします」を英語で言うと、I am looking forward to hearing from you. です。大学受験では、この英文は通常、「またお会

140

いできることを楽しみにしています」と訳しますが、ビジネス英語においては、確認メールや返信を期待する決まり文句です。返事のほしい英文Eメールには必ずこのフレーズを使いましょう。

このように二度、三度やりとりしても確認メールを送ってこない場合は、文体を強くして行動を求めていくのがビジネス英語です。次の表現が定番ですので、なかなか確認メールが来ないときにぜひ使ってください。

I would like you to write back to me for confirmation.
確認メールを送ってください。

Please make sure to write back to me for confirmation.
必ず確認メールを送ってください。

手紙の結語に注意

手紙では、結語にも注意しましょう。本文が終わったら、公式にはSincerely, と入れます。ややくだけた終わり方としては Regards, が使えますし、顔見知りの友達や同僚であれば Cheers, や Best wishes, で結構です。この時、必ず最後にカンマを打ちましょう。

学校では Sincerely yours, と習った方も多いでしょうが、これは契約や外交的なイメージがあってあまりにも堅苦しいと思います。また、ビジネス英語では、See you, Bye, Goodbye は相手の立場を考えて使いましょう。売り込み先、交渉相手に対してはあまりにカジュアルです。結語の後、メールの最後にはフルネームかファースト・ネームをいれましょう。From Yoshio Suzuki と書く人がいますが、From（〜より）は和製英語です。必要ありません。また、ピリオドやカンマも要りません。名前（姓名）だけでよいのです。

7 効率のあがる学習をめざして

高校・大学受験のテキストは意味がない

　英語の実践的知識を高めようと、中学や高校で使った教科書や参考書を持ち出して、一生懸命、昔の知識を掘り起こそうとする中高年の英語学習者がいます。しかし、そもそも高校・大学の受験英語はカッコに適当な選択肢を入れたり、バラバラな文章を正しくしたりする整序問題であったりして、採点者にとって都合よく作られているテキストです。

　昔取った杵柄で、中高年には文法も案外とっつきやすいのは理解できます。これらの受験英語を学んで、一応の英語の受験対策としての知識はつきます。しかし、業務で使用するビジネス英語には全くというほど役に立ちません。実践を伴わない畳の上の泳法に執着しないで、コミュニケーション中心の演習を通して英語の幅を広げていきましょう。

NHK教材を使おう

　昔の教科書を使った勉強は意味がないとはいっても、まずは基礎から英語をやり直したいという方もいることでしょう。その場合、NHK教材をお薦めしています。

　NHKラジオ講座の良いところは、能力別に細分化されていることです。初心者は「基礎英語1」や「基礎英語2」を選び、毎日15〜30分くらいの時間を取って聴いていきましょう。毎日、定時に聴くというのは、最初は苦痛ですが慣れていけば習慣化できます。気楽に慣れていく意味では、「ボキャブライダー」、「英会話タイムトライアル」といった番組もあります。ビジネス英語に関すれば「入門ビジネス英語」、そして上級者であれば、「実践ビジネス英語」があります。放送時間が自

分の生活時間と合わなければ、録音したり、ストリーミング・サービスを利用してもよいでしょう。

　また、Eテレも録画して状況を把握して学習ができる利点があります。NHKの教材は質が高いのですが、身に付けるには習慣化して毎日視聴していくことが重要です。NHKの英語は、マラソンのように時間を多大に要する学習の効果的・効率的な伴走者となってくれます。ただ問題は OUTPUT です。覚えた表現は音読するよりも必ず使ってみることが重要です。

■ 「腹筋」、「逆上がり」に当たる英単語は覚えるべきか

小学生が反動をつけてやる「逆上がり」は、英語で pullover / kickover、「腹筋」は Abs（abdominal muscles）といいます。しかし、こうした英語は日常でほとんど使われません。腹筋という単語が必要なのは、ジムで欧米圏からきた人々にストレッチを教える日本人コーチやトレーナーだけです。そうでない人はこのような付随的な表現は学習する必要はなく、やはり日常生活の基本語彙、基本表現が重要なのです。

　「この日本語（表現）は英語ではなんというでしょう」といったキャッチコピーのタイトルの本に日本の英語学習者は弱いのですが、そうした本に飛びつくのは、クイズ番組で難解な問題を解く芸能人のようです。教養にはつながるかも知れませんが、自分の仕事には全く役に立ちません。

　仕事に必要のない表現は断捨離し、英語で覚える知識の総量を軽くしましょう。教養の知識は業務の英語がうまく回ってからでもいいし、極端に言えば覚える必要もないのです。とにかく、仕事で頻繁に使う英語に集中していきましょう。具体的には、日常業務に基づいた英語表現を覚えていくことです。小難しい英語表現の獲得より、ビジネスで使う表現に慣れるのです。

ネイティブ・スピーカーに習うなら

　ネイティブ・スピーカーに教えてもらえば、すぐに英語が上手くなっていくとは限りません。私もオーストラリアに留学している時に、誰かれなく英語を教えてもらう積極的態度に出ましたが、多くの人々は私の不十分な英語を直すのを嫌がりましたし、直さずに「通じている」と言ってきた人も多かったように感じます。彼らは対等な英語力を要求しており、伝わらなければ無視するだけでした。スピーキングを上達させたいと思っているなら、最低条件として、非英語圏の人々と喋りたい欲求を持つ欧米圏の人とか、英語を外国人に教えたいと思っている人を探さなければならないでしょう。日本に興味をもっているネイティブ・スピーカーと出会えたら幸運です。

　さらに、欲を言えば、どのような英語表現が重要なのか、文法は正しいのかを教えてくれる人に出会う機会があれば最高です。そのためには、お金はかかりますが、やはり語学学校に通った方がいいと思われます。このときに注意してほしいのが、語学学校やオンラインで教えているネイティブでも、教えることが不得手という先生もいることです。受講生との英語でのコミュニケーションには問題ないが、「学習のモティベーションを維持・向上させながら英語能力も上げていく」ことは苦手という講師も中には存在します。こうした可能性もあるので、過剰な期待は禁物です。

最悪のテキストは経営学のケーススタディ

　ビジネス英語は、経営学の知識を頭に詰め込む作業ではありません。たとえばケーススタディについて言うと、経営学の知識がなければ、母国語の日本語でも経営学のテキストに載っているケーススタディを解いていくのは難しい作業です。理由は経営に関する専門用語（テクニカル・ターム）がゴマンとでてくるからです。

このような用語は、外国のビジネススクールで MBA の学位を取る時以外には必要ありません。ケーススタディを用いた議論はビジネス英語を学ぶ学習者にとって魅力的に見えますが、その前に、討論者が経営学の専門用語を知っておくことが前提なのです。また、問題解決の論理的思考も要求されます。

　つまり、日常英語や業務以外の表現を前提として要求される専門知識が多いのです。英語の初級者では討論はおろか、モティベーションを保つことができません。経営学志向のテキストを使って最大限に効果が発揮できるのは、英語が上級レベルで MBA を専攻する学生だけです。または、30代以上の実務経験が豊富で英語でディスカッションする能力がある社員でしょう。経営者の方々からみればケーススタディは魅力的ですが、あまりに負担が大きすぎて期待はずれにおわるでしょう。それよりも、社員が業務で頻繁に使用している日本語を英語にマニュアル化させて英語で話し、書くことができるようにすべきです。まずはここに集中しましょう。

ビジネス英語のテキストは数冊でよい

　ビジネス英語は定型表現が多いので、テキストを選ぶ時は多くても3冊くらいにしておきましょう。初級、中級、上級とレベルを分けたとしても、それぞれ1〜2冊でいいでしょう。このうち、電話、Eメール、交渉、プレゼンの4項目が入ったテキストは必須です。自分の仕事はEメールの読み書きが多いからと、Eメールに焦点をあてて勉強する場合でも、テキストは2〜3冊あれば十分です。そして、テキストをリファレンス（参考文献）として机の上に置いていつも再確認することをお勧めします。書架の隅に埃がかぶるほどテキストを鎮座させておくのでは買った意味がありません。その意味でも、あれもこれもとテキストを買い込むことはないのです。なんといっても相手に読んでもらう表現は一つだけです。ビジネス英語は定型表現を覚えることが

目的ですから、何冊買っても似たり寄ったりの表現が出てくるだけ
です。

■ インターネット・雑誌・小説・マンガの学習効果

インターネットを通じて SNS、YouTube での英語学習、または英語
雑誌や小説といった媒体を使う人もいるかもしれません。YouTube は
数多くの英語教育に熟練した、または熱心なネイティブ・スピーカー
の講師がアップロードしているので役に立ちます。SNS は気の合う海
外の友達を見つけて Text（文章）を交換しあうことで、ライティングの
勉強になります。私もコロナウイルスで非常事態宣言が発令され自宅
に籠っていた時は、SNS を介して知り合った世界中の友達と英語でや
り取りして結構気が晴れましたし、ライティングの勉強にもなりまし
た。

雑誌の場合は、ファッション、趣味といったものなら、その業務に
従事していない限り、あまり効果はないでしょう。ビジネス英語を学
習するなら、くどいようですが、あなたが従事している職務内容で、
あなたに合った学習法を選ぶことです。

英語の小説の場合、興味惹かれる本がたくさんありますが、実践の
観点から言えば小説だけをかなり読み込んでもビジネスでは使えない
でしょう。英語小説はアメリカという文化の制約、世代の違い、登場
人物のしぐさが特異な表現で叙述されるために、ビジネスで頻繁に使
用される表現がほとんど出てこないのです。英語小説は中級・上級者
用の教材といったほうがいいでしょう。

これはアメリカ発のマンガにも当てはまります。アメリカで刊行さ
れるマンガはアメリカ人を対象としたもので、内容が現地の文化やト
レンド、スラングで満ち溢れています。これも中級・上級者用の教材
と思います。

理想としては、あなたが仕事で専門としている英語記事をインター

ネットや英語の業界紙で読むことです。なんといっても仕事と結びついているために、興味をそそられモティベーションを維持できる可能性も高いです。電車の中やカフェでの15分ほどの学習時間でも効果があります。英語学習にも「塵も積もれば山となる」の格言が通じます。毎日どこかで、ゲリラ的にでもやりこなす「継続こそ力なり」という姿勢が大事です。私もネット版の WSJ（ウォール・ストリート・ジャーナル）を購読し、もう10年ほどになりますが、飽きもせず、ずっと継続して目を通すことができるのは私の専門が国際経営にあること以外に理由を見出せません。読者の方々にはヤフーニュースに毎日かかさず目を通す人も多いと思われますが、アメリカ版 Yahoo News もゴシップ満載で、さらっと目を通すだけでもアメリカ人が話のタネにしていることを理解できるようになるでしょう。

映画の効用

　では、映画はどうなのでしょうか？ 映画の場合は、数をこなして鑑賞することが重要です。発音、抑揚、出演者のしぐさ、その場の雰囲気から英語に親しむことです。ひと昔前までは映画館まで足を運ばねばならなかったのですが、いまでは自宅でアマゾンやネットフリックスで見ることができます。YouTube でも Trailer（新作品の予告編）や映画の名作部分を切り貼りしたシーンも見られます。問題は映画の台詞が案外難しいことです。これは映画製作でのシナリオ・ライターが台詞をインパクトあるようにより含みのある文章に仕上げているからです。

　現在、60〜70代の人々は「愛とは決して後悔しないこと」と言われれば、アメリカ1970年代最高のヒット作品といわれる『ある愛の歌』を連想する人も少なからずいると思います。しかし、これは日本人の耳にさわやかにはいる台詞に意訳されたのです。実際の英語での台詞は以下のようになります。

> ## Love means never having to say you're sorry.
>
> 日本語の意訳：愛とは決して後悔しないこと。

　私も50代過ぎてから、原文での台詞を知り、ずいぶん日本語のイメージとかけ離れていることが理解できました。仮にあなたがTOEIC®の高得点者で、アメリカ人の恋人がいると仮定して、上記のようにささやかれたら即座には何を言っているのか理解できないでしょう。中級・上級に達したら、状況から台詞を把握していく目的をもって、面倒でも日本語字幕なしに鑑賞することも語学向上に活かせるでしょう。

　また読者層の日常性の問題もあります。映画から英語を学ぶのはお薦めできますが、あなたが日常接している言葉や表現に近い映画を見ることです。50代からそれ以上の年齢の方々は10代〜20代の学園ものや青春ラブストーリーを見ても途中で見るのをやめてしまうかもしれません。また、逆に20代〜30代の人々が人生の黄昏時に入った老人の回想映画を見ていても途中で見るのを投げ出してしまうかもしれません。

8 ビジネス英語の社員研修を考える

▌経営者の課題・人材開発部の責務

　経営者のみなさんに、ぜひお伝えしたいことがあります。私がビジネス英語の研修を実施しに行くと、組織内でよくこんな言葉を聞きます。「うちも英語を公用語にするとトップが言っているんですが、社長自身は英語を話せないんですよね」。これではいけません。社長の方だけでなく、経営陣全員が率先垂範で英語学習を始めるべきです。経営陣が、英語は中堅・新人社員だけで事足りると思っているならば、そのような雰囲気はすぐ下に伝染していきますから、結局「笛吹けど踊

らず」の状態に陥ります。英語を通した経営の国際化は望むべくもありません。

　また、英語のみの重要性を語るのではなく、どれだけマーケットが国際化されていて、ビジネスチャンスも海外にあるのかということを繰り返し啓蒙していくべきです。もはや、利益の源泉という観点からは、ビジネスにおける国内・海外の壁は取り払われている意識を社員に植え付けるべきです。国境を取り払った一気通貫の経営環境にあるのが、いまのビジネス界です。国内事業がダメなら海外事業もダメで、逆もまた真なりです。サプライチェーンでも国内だけで機材・部品・開発を自前でできる企業はほとんどないでしょう。リーマンショック（2008年）、東日本大震災（2011年）、そして今回のコロナウイルス禍（2020年）で企業だけでなく日本人全体が生活の激変を覚え、この状況が日本だけではなく世界と一気通貫しているのを感じているはずです。

肌で国際化を感じさせる

　こういった意味で、企業の国際化は進むことはあれ、後退することはないでしょう。コロナウイルスに有効なワクチン開発によって全世界を巻き込んだ悪魔のような感染症が完全に鎮静化すれば、世界のビジネスは、急激に進化を遂げる DX（デジタルトランスフォーメーション）によってそのネットワークを急速に復活させるでしょう。将来、世界中のマーケットが同質化されるほど国際化が進めば、国際化という言葉そのものが死語になると私は思っています。それくらい、どんどん「国境の壁」はなくなってきています。

　特に、財務情報（Investor Relation）では、グローバルに英語での情報開示が義務となっていますので、もはや国際会計ということばは矛盾なのです。もちろん、日本語だけの開示でも許されるのですが、その財務情報量が言語に阻まれるために株価や国際な資本調達にマイナスの影響がでます。

加えて、多国籍企業の経営情報の英語に親しむことで、日本のメディアだけではなく、海外の生のマーケット情報も直接手に入れることが可能になります。そのためには、経営陣がビジネス英語を習得し、自分自身の言葉で海外の人々と語ることで、経営とは人と人の人格のふれあいであり、コミュニケーションを通した信義であることを会社内に知らせる義務があるように思われます。社員にビジネス英語の研修を行う場合も、研修企業や人事教育部に丸投げの姿勢ではなく、経営者自らが積極的に関わったり、経営幹部クラスを別に設けて彼ら自身も研修を受けるくらいの意欲で臨めば、研修に対する社員の態度やモティベーションも向上すると思います。

効率的な研修の人数

　社員にビジネス英語の研修を行うとなると、個別指導や少人数では費用がかさばり予算がかかってしまうので、同じ職場で10人前後が理想的と思われます。それ以上になると、受講者からの質問やビジネス英語の中核たるロール・プレイの機会が失われる可能性が危惧されます。

　社員研修については、人事の教育担当者から事前に受講者のTOEIC®のレベル、職場環境、海外勤務の情報を得てから具体的な内容を考えるのが重要です。講師を選ぶポイントは後述しますが、講師も積極的に受講生に関わるべきであることは外せない要素です。

　研修の際は、単なる座学では効果は望めません。企業でのビジネス英語研修は、塾、予備校での座学とは異なります。有名な英語研修講師を招聘して、50人単位、100人単位で数時間・数回限りの講習も考え物です。やはり、アウトプットによる確認がなければ英語の能力向上は望めないからです。

　このとき自社を例にしてケーススタディを作るのはよいのですが、ケーススタディといっても経営学のようにベストな意思決定を得る作

業ではなく、身近な業務を参考にして、より明確で論理的な表現を得るための機会を作り上げていきましょう。さらに、アウトプットと言っても単に Yes, No の繰り返しで、または単語の羅列、ブロークン・イングリッシュを話させるだけでは、大切なトレーニングの時間を浪費してしまっています。5〜10人くらいの受講者に講師が積極的に介入していき、全員で考えながら、表現を覚えていくことも重要です。講師が受講者に宿題を出すのも学習効果的があります。私は研修では Eメールの場合、訂正した添削を名前を伏せてまとめてすべての受講者にレジュメで渡しています。間違った個所を受講者全員が確認・共有できるためです。こうすることで受講者が未然に間違いやすいところを再確認することが効率的にできるのです。

効率のよいグループレッスンのために

　グループレッスンで比較的早く、実地で使える英語が上達する方法というのもあります。教師側が習熟度に従って練り上げられたインプット学習を行い、受講者とインタラクションをし、受講者にアウトプット学習をさせ、さらにここで受講者が間違った語法や怪しげな表現を直していく方法です。このとき、受講者の知識や学習状況に合わせてフィードバックしていくのが大事なのですが、このインプット、インタラクション、アウトプット、フィードバックの4つの要素がグループレッスンには重要です。

　グループレッスンにおいてもっとも効果的な教授法としては、白井恭弘氏が紹介しているコミュニカティブ・アプローチを用いた、カーネギーメロン大学の日本語教授法が参考になります。同大学の学生は、ゼロから日本語学習を始めて週4時間、3ヵ月の授業で日本語に限定した会話が15分間できるようになるそうです（白井恭弘『英語教師のための第二言語習得論入門』大修館、2012年、100〜102ページ）。白井氏によるこの著作は英語学習という一方的な文法、表現講義や暗記に陥らず、

受講者をどのようにインタラクティブな学習に巻き込んでいくかのヒントが隠されています。英語を教える側にある人、組織で社員に英語を教えなければと感じている経営者や社員教育に従事する人事部の方は、一読して損はないでしょう。

日本人同士の演習の陥穽

　英会話の練習で問題のあるメソッドと思うのは、日本人同士での英会話練習です。ここには英語のクラスを活発化させ、受講者同士の交流を深めるという利点もありますが、思わぬ陥穽があります。日本的感覚で話し合っているということです。

　これは教える講師の側からみても難しい問題です。この陥穽に陥るのを防ぐのは、ネイティブ・スピーカーの講師であれ、日本人講師であれ、講師が積極的に介入することです。間違いがあれば、グループの中で即座に訂正し、正しい表現を共有することです。

　また、喋るという行為は英語のアウトプットです。日本人だけでだらだら話し合っているのは英語学習の視点で効率的ではありません。講師がチェックするのが最良ではありますが、そのコミットの方法も重要です。直ちに表現を直すのか、それとも相手に過ちのところを暗示的に指摘するのか。どれがよいかは一概に言えませんが、その場の雰囲気に応じて使い分けられる講師であれば理想的です。常に講師は受講者の英語会話に耳を澄ませ、表現、発音が間違っていたら介入・矯正すべきです。もちろん、日本人同士が日本語で話し始めたら厳禁のサインをだすのは当然のことです。

テキストの選び方

　研修のテキストを選ぶとき、海外教材出版社のものを使おうという提案も出てくることでしょう。海外で有名なのはオックスフォード出

版局、ケンブリッジ出版局であり、こうしたテキストは日本でも広く使われています。長所は、これらのテキストに載っている英語表現が世界中で頻繁に使用されていることにあります。

しかし、ちょっとした短所もあります。日本の経営風土があまり描かれていないからです。会話に出てくる人々は、一つの例として提示しますが中国、エジプト、ブラジルの会社員です。つまり、これらの出版局のマーケットが広いところの人々なのです。登場人物がこれらの国々の人ということは、それらの国々の経営文化においてビジネスが展開していくケースが多いということになります。

私には、日本の経営風土が描かれているテキストを探すことも重要だと思えます。一方、日本の教材会社のテキストは、電話、会議、交渉における表現の豊かさを覚えるには適していますが、それらの表現を使う状況を扱ったケーススタディがあまりに少ないと思います。日本企業の経営風土に適合したケーススタディを通して、自社の経営環境に当てはめながら得した英語を使えるテキストがこれから出版されていくことが私の願いです。

良い講師の見分け方・育て方

社員にビジネス英語研修を行ううえで、講師の質が非常に重要なのは言うまでもありません。研修では積極的に講師から受講生に関与する態度は重要ですから、まずこれは前提条件として必須です。そのうえで、良い講師についていくつかチェックポイントがありますのでご紹介していきましょう。

第一に、年齢です。ビジネス英語を教えるというのに、ビジネスでのキャリアがほとんどない20代の講師では問題です。日本の経営風土が理解できていなければ、受講生の学習効率はさらに下がってしまいます。ビジネス英語は、ビジネス経験のないネイティブ・スピーカーの講師には非常に難しい技術です。その理由は、若い講師では、日本

と欧米圏の文化の違いによるビジネス慣行のニュアンスの違いがつかめないため、ビジネスでの落としどころが分からないからです。さらに、受講者の英語表現の間違いが日本独自の行動様式に絡んでいたら、日本の滞在年数が少なく日本文化にも限定的にしか触れたことのないネイティブ・スピーカーの講師であれば、なぜ受講者がそのようなぎこちない英語表現をするのか想像もできないでしょう。ビジネス英語を教えるネイティブスピーカーの講師であれば、少なくとも30代以上、脂ののった40代以上で、過去に豊富にビジネスに携わった経験に加えて、経営の専門的知識があればベストです。

　第二に、教師がビジネス英語を教えるという明確な目的を持っていることです。究極の目標は、研修の参加者が実際の職場で使えるように指導することです。受講者は将来英語教師になる目的を持ってクラスに参加しているわけではないのですが、それでも文法が好きなものです。それに迎合して文法に偏重した教え方では、受講生のビジネス英語表現は伸びません。

　第三に、受講者にできるだけ喋る機会を作り出してあげることです。アウトプットさせることで、受講者がどれだけ英語を把握しているのかという水準や、英語の誤りを正すフィードバックも可能になります。語学学習は一方的ではなくインタラクティブでなければなりません。特にビジネス英語では、講師が学習者の発言に対して、Whyを頻繁に使用すべきです。そこに、英語でビジネスを展開する際に必須となる論理的思考への訓練があるからです。

　第四に、間違った文法や表現をただちに指摘してくれる先生も良い先生です。この指導法はリキャストと言って効果的です。教える側がI know what you mean.（なんとかわかるよ）で事足れりで、一方受講者側も外国人と話したという経験だけでは、学習効果はほとんど上がりません。対話の途中で、講師が意味を変えずに、文法や表現の間違いを正すというリキャストをしてくれなければ、学習者の英語能力は向上しません。

第五に、分からない単語があった場合にも、自分の経験のみに頼らず、自ら辞書を調べて単語の意味を解説してくれるネイティブ講師であれば良心的です。かつ語学が好きで、文章の意味・ニュアンス・的確な表現にこだわる講師が良いでしょう。

　さらに日本人講師の場合です。これは外国の企業や日本の外資系企業で働いた方や、英会話学校で10年以上勤務した方なら基本的なビジネス英語は教えられると思います。ただ、TOEICで900点以上や英検一級のみの肩書でほとんど外国人と働いた経験がない場合には問題です。ましてや、日本の一流大学在籍の大学・大学院生には彼らがどんなに英語が巧みでも教えてもらうことはお薦めできません。

　以上を勘案して、受講者が少なくとも5分程度、自律的にビジネス英語で講師とコミュニケーションできるようになれば、その講師は及第点でしょう。上記の条件にあわない教師だったら、英会話学校の事務局にクレームをつけるべきです。ビジネス英語は一般の英会話学習より、2割から3割高い料金相場なのですから、その料金分の力量があってしかるべきなのです。

▌解雇それとも再教育？

　しかし、少し教え方に問題があるなと感じても、それだけで突然解雇してしまうのは避けたいものです。相手が能力不足であったとしても、講師の能力を伸ばすことができなかった管理側の不足でもあるのです。やめさせたとしても、次の講師を選ぶのに時間もお金もかかります。解雇した講師より悪い講師が採用される恐れもあるのです。それよりも、「この先生ならもっと上手くやってくれるかも」と思えば、現在の講師のオン・ザ・ジョブ・トレーニングを徹底した方が経営的に効率的です。この個所は非常に重要です。グーグルはアメリカの従来の〝冷たい〟経営文化の反対を走っています。業績不振の社員を解雇せず、同僚や上司から手を差し伸べるような温かい再教育でダメ社

員を伸ばすことに成功しました。これをグーグルでは「思いやりのある現実主義」と呼んでいます。興味がある方は、2015年、東洋経済新報社から刊行されたグーグル人事担当上級副社長であった、ラズロ・ボック/鬼澤忍・矢羽野薫訳『ワーク・ルールズ』第8章（2本のテール──トップテールとボトムテール）を是非お読みください。

　たとえば、多くのネイティブスピーカーの講師は研修を始めた直後、研修の担当者や経営者に対して、自分の教え方が正しいかと必ず尋ねてきます。この時、漫然と「これでいいです」「あなたにまかせます」というのではなく、受講者の問題点を少なくとも月に一回は相互にフィードバックすべきです。このように講師を育てていく、講師のスキルを引き上げるつもりで接するのも重要なのです。それが伝わる相手であれば、コミットしただけ受講生に熱心になってくれることでしょう。講師が効果的レッスンに関心を持っていなければ、そのときクレームをつければよいのです。

▌受講者の動機づけをどう向上させるか

　英語だけに限りませんが、語学学習の動機づけには三つの要素があります。一つ目はインプット、つまり英語の語彙・表現を覚える訓練です。これは英語への興味を続けるという動機づけです。文法はもちろんですが、語彙と表現が重要です。これを継続的にできるかという動機づけのテクニックも重要です。

　二つ目は、インプットによって覚えた英語を使う訓練です。これがアウトプットの部分です。アウトプットがなければ、覚えた語彙・表現をあっという間に忘れてしまい、英語学習の動機づけは失われていくでしょう。すなわち、英語を覚える（暗記する）のと覚えた知識を使ってみるのとは全く別次元であり、動機づけの要素も違うのです。

　アウトプットとは、英語を使えたという達成感を味わう動機づけです。使ってみるという動機づけの強化は、インターネットの普及によっ

て学習者にとって有利な環境にあります。具体的に言うと、スピーキングでは、非常に安価なチャットサービスを購入してみる。ライティングでは、SNSで外国の友達と意見を交換する。または、覚えた表現をSNSやブログで公開する。リーディングは無料の外国のオンライン・ニュースを見る。そしてフィードバックの部分では、できればインターネットで第三者から間違った語彙・表現を直してもらうことです。これは、講師のほうも課外学習のツールとしてとして積極的に受講者に進めるべきでしょう。

　私の場合には、CNN、WSJ（Reading & Podcast による Listening）がインプットで、SNS（facebook）と Twitter がアウトプットです。CNNでもニュース内容だけではなく、インタビューでのちょっとした会話なども非常に参考になります。

It's great to have you here.
お越しくださりありがとうございます。

Thank you for having me.
（インタビューに答える直前に）お呼び頂きありがとうございます。

You are muted.
（ニュースの音声乱れが生じて、インタビュー相手に）黙っちゃってますね。

Thank you for being with us.
ありがとうございました。

　三つ目はフィードバックです。これは、受講者の英語が正しいと本人に自覚させ、自信を持たせる動機づけです。この三要素は、密接に関連して相互依存しています。どの要素が欠けても英語学習の動機づけの枯渇につながってしまいます。この動機づけのインタラクション

をどう効率的におこなっていくかがビジネス英語担当講師の腕のみせどころです。

　この図10をみて頂ければ理解できるように、インプットだけでは英語の習得には不十分です。やはりインプットは英語習得のための必要条件である一方、アウトプットはその十分条件でしょう。日本人が今まで英語をあまり喋れず、書けなかったのはアウトプットの少なさでしょう。なお、図ではアウトプットが学習後にそれほど行われなかったと仮定してあることとご理解ください。

図10　モティベーションの罠

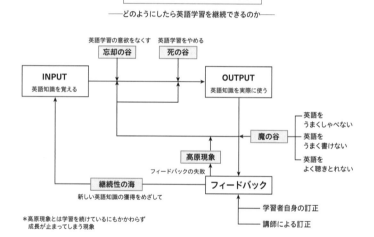

モティベーションの罠

——どのようにしたら英語学習を継続できるのか——

脳科学からの接近

　インプットとアウトプットの問題は、脳科学の短期記憶と長期記憶の問題につながります。インプットで英語の表現や単語を覚えても忘れてしまう。これは当然のことで反復が必要です。問題は短期記憶を

どのように長期記憶に転化させていくかですが、やはり、1〜2回限りの付け焼刃的な方法ではなく、なんども覚え忘れ、それを繰り返していくしかないようです。知識としての意味記憶は忘れやすいといわれています。

　この点、ビジネス英語は反復性に富んでいるので、TOEIC® で900以上のスコアを獲得して英語の知識をそのままおざなりにしている学習者より有利な学習環境にいます。ビジネス英語では業務環境と顧客がアウトプットの演習台になるからです。また業務という経験（エピソード）が重なりますから長期記憶になり英語表現が身につくということです。学問的に興味のある方は、湯舟英一「長期記憶と英語学習」の論文を巻末の参考文献に取り上げていますので一つの勉強法として活用してください。

┃ ビジネス英語研修は1年まで

　社員にビジネス英語を習わせたり講座を受けさせたりする場合、期間は短ければ3ヵ月、長くても1年くらいでしょう。1年以上の研修期間を設けたところで、費用対効果の問題も出てきます。1年以上英語研修をやるなら、その社員に海外とのやりとりのある業務を任命するか、いっそ海外勤務とした方が研修の効果は倍加します。

　企業全体の英語の浸透度からいえば、日本人のみではなく、英語圏の人々を積極的に採用していくことが、職場の雰囲気を英語モードにしていき、経営風土における文化の多様性・寛容性というダイバーシティにも貢献していくことでしょう。

┃ 企業において TOEIC® をどう活用するか

　ビジネス英語の企業内研修については、優先しなければならない対象者を決めた方がよいでしょう。これから英語圏の国々で勤務する

人々、次に国際部や輸出入の業務でＥメール、英語で商談、プレゼンテーションや交渉を頻繁にこなす人を優先すべきです。

　このとき、TOEIC® の向上をめざしたカリキュラムは、企業内研修に組み込む必要はないと思っています。TOEIC® スコアは、入社・昇進試験での外国語適性検査程度に留めるくらいに考えることをお勧めします。その理由は、TOEIC® は独学で十分できる教材がそろっています。点数をアップしたければ、個人の努力だけで900点でも取れるようになるのです。

　TOEIC® で言えば、高得点を獲得した人材については、その後のフォローも重要です。いくら900点を獲得しても、その後英語にふれずにいれば、第２章で述べたように英語学習の経年劣化が始まってしまいます。大企業の中には TOEIC® のために多額の予算を計上しているところもありますが、点数は昇給や昇進のためだけの評価基準とするのではなく、経営陣や人事部が高得点者を積極的に海外・国際部門に配置換えをすべきでしょう。

英語研修をいつ、だれに行うか

　英語研修を開始するには、ベストな時期があります。企業が海外進出を果たす時や、自社の製品に対し海外のバイヤーからの引き合いが多く見込まれる時です。大手企業の下請け会社であっても、海外調達の必要性があれば、ビジネス研修をするベストの時期です。

　このとき、海外との関連性がある部署ならば、どの世代であってもビジネス英語研修を受けるべきです。外国人と直接フェイス・トゥー・フェイスでコミュニケーションを取らなくても、メールでの取引があるならば、英文Ｅメールの講習を受けるべきでしょう。

　商談の交渉や会議がある担当者ならば、交渉の英語や会議でのやり取りの英語についての講習も受けるべきと私は考えます。特に2020年以降、飛行場が閉鎖され外国出張できないコロナウイルス禍では、オ

ンライン会議の頻度が格段に高くなっているのは想像に難くありません。とにかく、あらゆる企業が現在グローバル化に巻き込まれており、そこに商機を見出せるだけではなく、それ相応のリスクも多くなったので、それに即時に対応しなければならないことを忘れてはなりません。

▎オンライン研修における講師の役割

　コロナウイルス禍のためにオンライン研修に舵をきる英語学校の割合が多くなっています。これからは研修を受ける社員が直接英会話学校に行ったり、企業まで講師を派遣することは少なくなっていくでしょう。すなわち、研修のための会議室や英会話学校の教室は絶対的存在ではなくなっていくでしょう。一般英会話だけではなく、ビジネス英語も基本的箇所は、タブレット端末を使用した AI による確認テストや動画などのオンディマンド型になり、インタラクティブなワークショップだけがオンラインでの遠隔授業になるでしょう。この教育方法の変化の中で、ティーチング・スタイルは受講者の学習法に関するコーチングの領域が増えていくでしょう。すなわち、講師が受講者のモティベーションをどう維持させて英語能力を高めていくかに重点を移していくからです。すなわち、ティーチングとコーチングのバランスを考えた講師の受講者への関わり方が模索される時代となりました。

第4章

英語ができるのではなく、英語で何ができるか

真のグローバル人材育成のための大学入試

　政府はグローバル人材を育てようと大学入試センター試験の英語テストを廃止し、業者にテストをまかせようとしていますが、迷走状態にあります。私が推測するに、英検は中学生、高校生、大学生の英語能力、TOEIC®は入社試験・中途採用・昇格、TOFELは留学の基準として日本人に認知されているのではないでしょうか。ここで採点の標準共通化など不可能なことです。何を最終的にめざしているのかさっぱり理解できない、方向性のないリスニング、ライティング、リーディング、スピーキングはもう止めてほしいと言いたいです。

　入試もばっさりと改革してビジネス英語を取り入れ、電話の英語、プレゼンテーション、ビジネスEメール、プレゼンテーションの英語で受験生の英語力を判断してしまった方が、グローバル人材は育っていくと思います。

　さらに、日本の受験界では、まだ東大を頂点とし、早慶への入学を一番とする風潮が色濃く残っていますが、大学を日本国内だけで順位づけすることは、既に終焉を迎えています。大学のランク付けは世界全体で変わりつつあります。私も苦い記憶をしました。数年前に香港中文大学を訪れ、大学のスタッフと英語教育について討論した時のことです。長年にわたって日本国内の大学の偏差値だけに気を奪われていたために、うかつにも香港中文大学が東京大学よりも世界的に上の評価を受けている大学であることに気が付きませんでした。

　加えて、転職が常態になる時代に、一発勝負の大学入試だけでキャリアが一生確保される時代ではありません。グーグルでは、大学で習得した知識の効用は5年で終わると社内で検証しています。インターネットの到来から30年以上になり、世界は瞬時につながるようになりましたが、一方で日本はインバウンドの経済政策に明け暮れ、鎖国なき鎖国状態に陥っている状態です。これはよくないことです。インターネットという十分条件は完備されているものの、偏差値に憑りつかれ

机上の試験に集中しているだけでは、日々変貌していく世界情勢に全くついていけません。グローバル規模でのWebinarの開催、オンラインの国際間の交渉や会議も増えています。外国人と丁々発止のビジネスの話をするためには、ビジネス英語の実践的カリキュラム構築が必須なのです。使える英語に背を向けていては、グローバル人材など育つべくもありません。

大学でビジネス英語を教えるならば

今後、大学入試でビジネス英語を求めていくというのが私の意見ですが、現在も大学では一般英会話だけではなく、ビジネス英語を取り入れているところも多くなってきています。しかし、ビジネス英語を教える時、教科書を学生に配布してただカリキュラムを消化するだけになっていないでしょうか。ビジネス英語のクラス運営は、英語力をつけることも肝心ですが、多国籍企業の動向、外資系企業への就職方法、海外での業務遂行の基礎知識、海外での起業といったことを考えている学生のモティベーションづくりも大変重要です。

私は、大学レベルで中学・高校英語を復習するための英文法強化をカリキュラムに取り入れることは、学生たちの貴重な時間を奪っていると思います。英語力がないから基礎からやり直すとは、英語カリキュラム担当の教員の言い訳にすぎません。大学に入ってから授業中に中学英語を文法中心で教えている教員が学生から高評価を受けるということがあれば、私はそれにかなりの違和感があります。

ビジネス英語を教えるならば、電話での定型表現、Eメールの書き方、英語でのプレゼン、交渉をする際の簡単な英語をカリキュラムに取り入れて、英語が不得意な学生のための中学英語復習は、個人の課題に回した方がよいと思います。カリキュラムについても、使える英語をめざしてオン・ザ・ジョブ・トレーニングの実践方式をお薦めします。浅草の土産店の店員さんや、外国人客の多いホテルの従業員が

集客増加・サービス向上のために、中学英語の文法を初めからやり直しているという話は聞いたことがありません。

英語教育の未来

　未来の英語教育はどのようになっていくでしょうか。これはオンライン研修の講師の役割でも述べましたが、かなり明確な輪郭が出来上がりつつあります。2020年、コロナウイルスの猛威によって日本だけではなく、全世界の教育機関が感染のリスクを減らすためにオンライン教育に一斉に舵を切り始めました。対面教育とテキストという従来型の教育は劇的に減っていくでしょう。コロナウイルスの脅威がデジタルトランスフォーメーション（DX）という教育のイノベーションを加速させました。英語教育に関連づければ、オンライン教育はさらにAI（人口知能）の驚異的発展に支えられながら、英語学習法を質の高いものに変えていくでしょう。極めてコミュニカティブかつタスク重視で、十分な双方向が確保された効率的学習がなされていくと思います。タスク重視であれば、ビジネス英語学習に最適です。ここは重要なので繰り返しますが、インターネットの普及、AIの技術的進化、さらにコロナウイルスの猛威による学校閉鎖が決定的に方向づけたのです。ビジネス会議や多数の対面講義で使用されてきた Zoom、Microsoft Teams、Google Meet 等は、2020年初頭まで聞いたことのなかった人々も多いはずです。

　ここで私の考えに否定的な読者の方がいらっしゃれば、破壊的イノベーション研究の権威、クレイトン・クリステンセン、マイケル・ホーン、カーティス・ジョンソンらが執筆した『教育×破壊的イノベーション』の一読をお薦め致します。彼らは2008年にこの著作の中で、オンラインが近い将来教育の中枢をなしていくであろうと予言しています。クレイトン・クリステンセンは惜しくも2020年に亡くなりましたが、当然と思われたビジネス手法が突然現れた画期的イノベーションによっ

て世の中から消えていき、そのイノベーションも次のイノベーションによって市場から放逐されることを「イノベーションのジレンマ」と定義し、経営学に巨大なインパクトを残しました。従来型の教科書配布と対面型教育システムやそれに準拠したカリキュラムには、もはや安住できないでしょう。

　さらにその先には、VR技術の進展がオンラインの英語学習を促すでしょう。特にVR（仮想現実）は英語習得に役立つ武器となるでしょう。英語を習うとなったら、あなたの先生はビジネス経験豊かで優秀な英語の指導者のアバターかも知れません。現在のVR技術ではまだまだぎこちない会話と動きしか感じられませんし、もちろん、技術の進歩は爬行的です。ここ10年間にAIの発展によりVRは驚異的に進展しましたが、それでも現在はまだ、VRの中の教師は実際にあなたに話しかける一方で、間違いをぎこちなく直していくステージでとどまっている段階かもしれません。しかし、さらにVRの技術が進めば、文法に沿ってインタラクティブな英会話レッスンを受けることも可能になっていくでしょう。異文化的ギャップ（異文化に拘束された言い回し）や、文脈に沿った微妙な表現はその次の段階になるでしょうが、AIとVRの相互環境が進んでいけば、スマホの5Gや、さらに次世代の6Gでいつでもどこでも手軽に英語が学べる環境はもう夢物語でありません。

ビジネス英語は、英語でビジネスをするためのツール

　本書では、ビジネス英語の学習法について長々と述べてきましたが、ビジネス英語の目的は、英語を通して自らの業務目標、事業目標を達成させていくことです。英語ができても、仕事の失敗や同僚との人間関係の破綻、さらに相手先の信頼関係の失墜を招いてしまえば、意味がありません。

　こんな話があります。徳島県に本社を置き、海外展開するスワニーの三好鋭郎社長は、約40年前にアメリカへ単身乗り込み、何百回と門

前払いを受けながらも、最初のアメリカ訪問から約6年後、鞄を初めて売り込むことに最終的に成功したのです。

　三好社長は、英語を上達させるために外国へ行ったのではありません。手袋を売り込むためにアメリカ中を駆けずりまわったのです。小児麻痺の後遺症で足が不自由にもかかわらず果敢に行動した三好社長の成功体験は、日本人にとってビジネス英語とは、業務を成し遂げる手段であると割り切ることを教えてくれます。ここがもっとも重要なポイントなのです。英語ができるのではなく、英語を通して、どのような仕事をしていくか。その学習スタンスこそが、あなたのビジネス英語習得への王道なのです。

終章

稼ぐ力は
ビジネス英語から

英語は金なり

「時は金なり」という格言がありますが、「英語も金なり」です。世界史上に残るのでないかと思われるこのコロナウイルス禍の中で、私自身も英語情報の重要性を改めて知りました。日本のメディアは、ほとんど日本の事柄しか報道しません。Stay Home という英語が日本人に伝播しましたが、私は外出を自粛する中、WSJ の報道、CNN のライブ放送と BBC の Podcast を聞く機会が多くなりました。コロナウイルスによって経済が壊滅的な被害を受けた街の惨状やコロナウイルス患者の生還体験など、日本のメディアではほとんど扱われない一次情報を受け取れます。もちろん、コロナウイルスによって従来の経営戦略からの転換や苦境に立たされた経済状況の情報も満載です。多くのビジネスモデルはアメリカに由来しますので、新しいビジネスの潮流を素早く知ることができます。また SNS でも海外の友達と英語で会話する機会が増えました。

日本の限られた情報をもとに1〜2日遅れの海外情報を聞いていてもニュースとしての価値は半減します。このような二次情報をもとにバラエティ番組で討論していても、素早い正確なグローバル的視野からの客観的情報は得られません。テレ・カンファレンスで仕事の仕方が変わってきました。また、Webinar のような海外企業や大学・研究機関による研修会・講演会も、英語ができれば無料で気軽に自宅で参加することが可能です。わざわざお金と時間を費やして海外まで出向く必要はもうありません。また海外でのマネジメントに関する Webinar があります。英語でチャットや Q&A ができれば、グローバル・ビジネスの最前線を知ることも可能です。

さらに日本で数年以上にわたって唱えられてきた「働き方改革」の大きな前進となるでしょう。在宅勤務を主体とする「働き方改革」はコロナウイルスが終息すれば立ち消えていくものではなく、テレワークはビジネスを遂行する上での大きなパラダイム転換となるでしょう。ビ

ジネス業務を遂行する上でお互いの距離がなくなるわけですから、ここに英語が加わり、実際に会っての対面での会議からテレ・コンファレンスに転換すれば、わざわざ海外出張する必要はないでしょう。

限りないビジネス英語の需要

　では、ポスト・コロナウイルスでビジネス英語を使う機会はどのくらい増えていくでしょうか。もちろん、信頼性が高いワクチン開発と市場化される期間でも恐らく短くても2年程度かかるでしょう。コロナウイルスが一旦終息してもその第二波、第三波と再感染爆発に身を構える時代がくるかも知れません。このような数年先でさえ予見できない世界の中ですら、英語学習の需要は確実に伸びていくと思います。まず、ビジネス英語の需要がどれだけ伸びて来たかというと、ビジネス英語の需要を支える次のようなビジネスの趨勢があります。まず、ビジネス英語が伸びこそすれ衰えることはないという根拠ですが、以下のような歴史的潮流が挙げられます。

(1) 海外直接投資の増大によって日本企業のグローバル化が1970年後半から始まり、1990年代から多くの大企業は総売上高の比率の観点で、海外市場が国内市場より高まってきた。これにより、海外に派遣される日本人社員の増大や国際関連の業務に携わる社員が激増した。

(2) 2000年代から越境EC（エレクトロニクス・コマース）の高まりで英語版Websiteを作成せねばならず、Eメールで海外とのやり取りも増えてきた。

(3) インバウンドの海外旅行客増大で、観光業に従事する業界は "おもてなし" の観点で英語によるサービスの重要性が高まった。

(4) 法人税の引き下げによる対内直接投資の増大（図11参照）により、日本にさらなる外国人経営の子会社が増えてきた。対内直接投資と

図11　日本における対内直接投資の伸び

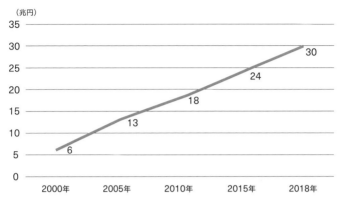

（兆円）

※対内直接投資とは海外資本による日本での自社ビル建設・オフィス賃貸料（維持費・人件費含む）・
工場設立に投下される資金　資料：ジェトロ対日投資報告2018年

図12　増大し続ける海外長期滞在

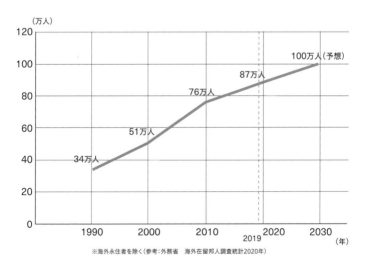

（万人）

※海外永住者を除く（参考：外務省　海外在留邦人調査統計2020年）

は、海外からの資金が日本国内の投資にあてられ、海外子会社として オフィス、物流センター、生産工場の設置に当てられます。対内 直接投資の増加は必然的に英語に堪能な日本人雇用増大につながっ ていきます。英語に堪能な人は、給与面でも厚生面でも日本企業以 上に待遇のよい外資系企業への転職を考えていくでしょう。

(5) 海外で居住し働く日本人の数も多くなってきて、現地で英語を使っ たビジネスが増えている。（図12参照）

急増する越境EC

越境EC（エレクトロニクス・コマース）とは、海外の消費者や買い付 け業者に向けた輸出ビジネスです。もちろん、逆に海外からネットで 買い付けて日本で販売される商品も越境ECです。ネットを通じた外 国人のためのオークション・サイトもこのカテゴリーに入ります。越 境ECは個人・数人の小さな会社でもできるビジネスですから、これ から様々な様態に変容し、その取り扱う量の増大や質の向上・サービ スも格段に求められていくでしょう。

顧客フォローに加えて、日本人の得意とする丁寧な購買経験を顧客 に感じてもらうにも、AI翻訳に頼った無機質な会話のやりとりではな く、顧客の傍にいる感覚を保ちながら自分の言葉でやりとりする方が いいことは自明の理です。ビジネス英語を学んで顧客との関係性を深 くする付加価値をつけるのです。マーケティング用語でいえばリレー ショナル・マーケティングでしょうか。ビジネスでの競争も他のEC 業者に比べて競争優位が保てるでしょう。

インバウンド客の拡大

現在、コロナウイルス災禍のため観光業界は壊滅的打撃をうけてい ます。しかし、数年のうち、長くても5年以内にワクチンが開発され

人々がコロナウイルスに対する免疫機能をつければ、海外からのツアー客も増え観光業は急激に復活していくでしょう。もちろん、これは観光業にとって試練の道のりです。2018年、外国人観光客の数が20年前に比べて10倍となり、3000万人を突破しました。今後こうしたインバウンドの観光客は、世界的に知られた京都、鎌倉、神戸、横浜だけではなく、地方の県庁所在地から過疎で悩む村落まで押し掛けることは想像に難くありません。地方公共団体の観光客誘致や民泊のサービスの洗練さも英語を通して充実していくでしょう。そうなれば、単純な日常会話だけではなく、リピーターを増やすために顧客満足を志向するビジネス英語を基本とした会話も求められていくことになるはずです。

　コロナウイルスは世界を分断してしまいましたが、コロナウイルスの災禍が終息した後は、政府も日本を訪問してくれる海外旅行者を増やそうとやっきですから、もう一度インバウンド客の増加を考え、英語を使う日本人の数が増えていくでしょう。特に過疎に悩む地方公共団体は積極的に外国語支援に乗り出すことになります。英語ではありませんが、パウダースキーで世界的に有名なニセコでは、数多く来る中国人のために小中高で中国語クラスができています。なお、タクシー業界もコロナウイルスの影響で大きな打撃をうけています。しかし、この疫病以前は、インバウンドでもっとも利益を挙げた業界の一つがタクシー業界です。特に英語が堪能なドライバーの給与が上がったことは多くのメディアで報道されたことは記憶に新しいことです。

▌多言語社会の到来

2050年までに、日本の人口総数は8000万人台にまで落ち込むと予想されています。日本人の出生率はゆるやかに減少しており、2019年には年あたり90万人を切りました。人口減少社会の到来により、日本で働き居住する外国人の数が急増し、単一民族社会という神話は崩れ、

日本の社会が変容していくのは目に見えています。人口減による海外労働者の急増は将来、大きな社会的問題ばかりでなく、政治経済的問題となるでしょう。

　東南アジアからだけではなく、ヨーロッパ圏、中国圏、東南アジア、南アメリカ、そしてアフリカの人々も、さまざまなビザを手にして、日本の失われた労働力を埋めると同時に、人材獲得を求める日本に職を求めてくるでしょう。現在のアメリカを見ても、英語だけではなく、カリフォルニア州を中心にスペイン語も日常使われる言語となっています。

　ヨーロッパをみても経済統合の結果、多言語社会の移行が加速しています。グローバル社会がさらに進展すれば、世界がそれぞれの国の言語ですべてが事足りる時代は終わったと言っていいでしょう。話題を日本に戻せば、小学校からの英語教育は日本が多言語社会に入る大きな契機かもしれません。外国からの旅行者、海外ビジネスでの往来、定住者が増えれば、日本語に加えて英語および中国語も補助的な言語として使用される可能性は大きいでしょう。

副業の拡大

　副業の拡大は様々な要因が考えられます。残業を減らし労働生産性をあげるための働き方改革の促進、社員の社外収入からのモティベーションの増大、日本経済の長期低迷による企業の給与が頭打ちの要因もからみあって、副業を認める組織が増えてきました。また、従業員のほうでも、給与が漸減するのなら甘受するが、企業が常に安定しているとも限らずいつリストラされるかというリスクも頭をかすめるでしょう。好業績のもとでも次のビジネスの投下資金としてリストラをする企業も増えてきました。副業の究極の理想は会社に勤めながら、自分独自の安定した収入源を確立することでしょう。たとえば英語関連で言えば、副業といっても様々であり、海外から仕事で日本にきて

いる人々のアテンド業務、アメリカ、ヨーロッパ、東南アジア諸国の産品の輸入代理店になる、英語を使った旅行ガイドになるといったことも当然考えられます。この動きを考えても、ビジネス英語の需要は増えていくでしょう。

　英語で副業ができ、専門的な知識で海外勤務経験のあるフリーランス人口が増えていけば、企業側も新しく従業員を雇用するより人件費を抑えるためにフリーランスの人に海外業務を委託していくという機会も増えていくでしょう。フリーランスのサービスに特化した人材企業もかなり多くなり競合状態に入っています。自分のキャリア経験・仕事での強みを発揮して登録して働く機会も増えていくでしょう。

　コロナウィルス禍でのテレワークの拡大と反比例するようにオフィス面積を縮小する企業も多くなってきます。これはフリーランスの人々にとって一つのビジネス・チャンスです。勤務する企業内部の一つだけのキャリアに捕らわれることなく、英語を使った副業は働く人々に次のキャリアステップや重複したキャリアへの選択肢の一つを提供していくこは間違いありません。

▎外資系企業への就職

　前述したように、対内直接投資の増加により外資系企業の数は日本で増加傾向にあります。日本企業と比較すれば、同じような産業の同じような企業規模であれば日本企業の1.5倍近くの給与を得ることが可能でしょう。福利厚生も日本企業と比べてもほとんど遜色ありません。外資系企業はリストラのリスクが高いといわれていますが、現在では日本の由緒ある大企業であってもリストラのリスクはあります。さらに一旦、外資系企業に勤めると日本企業に再就職できないという時代はもはや過去のことです。

　外資系企業はジョブ・ローテーション（人事異動）型と違ってジョブ・ディスクリプション（職務型）の仕事ですから、要求された仕事のスキ

ルと成果を求められます。求職も経験を第一にする特定の職務です。漫然と職務経歴書を書かないでください。情熱を持ってオールラウンドに仕事ができると経歴書を送付しても第一次選考で落とされるでしょう。あなたのターゲットは求められている職務にもっとも適合している人を探している人事のスタッフです。まず外資系企業の最初の関門は英語 TOEIC レベルに関して最低で700以上です。800で採用基準に達します。これをクリアしてビジネス英語を駆使して5年程度勤め上げ成果をだせば、さらに給与面・福利面での待遇のよい外資系企業に転職することは夢物語ではありません。

　面白いエピソードを申し上げると、いかに海外で成長著しい企業であっても、日本の子会社を設立するときは、誰も知らないようなカタカナの社名なのです。私は国際経営が専門でアメリカのある名門大企業を調べて調査していた時、日本での子会社は設立直後で知名度もなく高卒レベルのスタッフを自社の URL に採用情報にあげていました。また、グローバルにビジネス展開するネットワーク開発機器企業のCISCOのスタッフを大学の外部講師としてお呼びした時に、日本進出当時、CISCOはアルバイト情報誌に正社員募集の広告を掲載していて、その方はこの情報をもとに入社できたそうです。

　私のアドバイスとしては海外の有力なスタートアップ企業や成長著しい欧米の中堅企業がまだ東京の雑居ビルディングの小さなオフィスを使っている時に応募するチャンスを見つける努力をすべきです。英語版の経済ニュースで海外企業の知名度や日本進出動向を知る努力は必須です。欧米の有名企業でもよほどの大企業以外、日本のメディアに注目されることがないからです。

退職後の所得を増やす

　退職後のビジネスは、やはり肉体的に若い時のような無理は禁物です。アルバイトでも力仕事は無理になってきます。ただし、オンライ

ンビジネスでは家で仕事が可能なために、2時間くらいの通勤に割く時間にかかるエネルギーが必要なくなりますから体力が温存されます。オンラインの仕事で2〜3時間くらいの仕事はそれほど苦にならないと思います。仕事をする以上、時間管理をせねばならず不摂生な生活を正すチャンスです。

　英語が得意であれば英語レッスンも可能です。昔取った杵柄で人材企業に登録し、テレワークで外国のクライアントとエンジニアのコンサルをすることも可能でしょう。オンラインビジネスであれば80歳前後まで就労が可能です。特に、潜在的需要が高いと思われるビジネス英語に特化すればニッチの面で競争優位は高まるでしょう。収入以外にも社会的繋がりを感じつつ気分転換を含めた仕事でしょう。無理せず、まずは3万円、そして5万円、ベストで10万円の収益が上がれば、将来的に恒常的減額が予想されている年金問題にも対処できるでしょう。問題は1回だけ小商い（小規模起業）して失敗しても諦めないことです。もう一度、仮説を立ててビジネスの方向づけを再検討して勇気を持って何度でもやり直していくことです。小さな成功体験を積み上げていきましょう。たかが3万円されど3万円です。気持ちに余裕をもっていきましょう。

　さらに朗報があります。外国語を日常使用している人は認知症になりにくいという研究成果が2010年代から続々と海外の高等医療機関から出始めました。私も60〜80歳までの高齢者の方々に複数の市の委託で、英語を使いながら体を動かす「英語で脳トレ」をしています。収入確保と高齢者の認知症防止という社会貢献、さらに自分の認知力の維持にもつながっています。このビジネスに興味のある方は、巻末の参考文献に載せてありますから、私が勤務していた多摩大学の図書館のサイトからダウンロードできます。

　ビジネス英語でニッチな仕事を見つけることも可能です。私も面白い経験をしたことがあります。アメリカには外国人の凍結されている口座をアメリカからその当該国に預金返還をビジネスにしている事務

所があります。私の知人がアメリカの預金を凍結されていて、返還要求の意思を教えてくれというEメールを受け取ったそうです。しかし、アメリカの事務所からのEメールに返答できずに彼が私に代筆を頼みに拙宅にきました。私も好意で代筆のEメールをアメリカ本国の事務所に送り、めでたく私に相談を持ち掛けた彼のアメリカにある銀行預金を日本に戻すことができました。このようなニッチな仕事もあるのです。

英語で稼ぐこれからの働き方

2020年以降、時代は劇的に変化しました。私も海外発のWebinarを通じて、世界中の人々と討論をしてビジネスチャンスを探しています。終身雇用の形骸化、派遣社員の増加と同時に、同業者、交流会での知人を介してのReferral Recruitment（リファラル・リクルート）も増加しています。これは人材企業を通してではなく、同業者の知人を介して就職するものです。シリコンバレーでは枢要な仕事の雇用を探す場合、面識のある人々を通じての採用方法です。シリコンバレーのレストランは採用面接現場といっても過言ではありません。

また、5G規格の本格的運用はすぐそこです。ビジネス界ではコミュニケーション・ツールとしてSlackやChatworkというアプリを通してチャットで仕事をさらに効率化・迅速化・ジョブ型化（仕事を範囲を明確にした職務規定に基づく働き方）する方向にあります。チャットですと堅苦しい英文メールから解放され、より簡単な英語でネイティブ・スピーカーに伝わるでしょう。

これからは英語を学ぶだけではなく先行きの見えない世界で、企業組織内部の昇進だけではなく、英語をビジネスに活かして会社からの独立、または副業ビジネスとして生計を立てていく時代に入ったことを確認しておきましょう。とにかく英語で稼げるビジネスを考えてみる。最低でも人材企業に登録して在宅での英文の校正・添削、英語ビ

ジネス文書の翻訳仕事も考えられます。

　小商いの英語ビジネスでも周りに競合相手がいなくてニッチなビジネスを策定できれば、レッドオーシャンの利益なき繁忙も避けられブルーオーシャンの中で活動できるでしょう。商機は ICT とビジネス英語を駆使した、あなたの発想力と行動力にあります。いつかどこかで海外発のビジネス Webinar でお会いし、お互い議論できることを楽しみにしております。

参考文献

───英語文献───

William Strunk Jr. and E.B. White, The Element of Style, Collier Macmillan Publisher, 1979.

Robert W. Bly, The Copywriter's Handbook, Dodd Mead Company, 1985.

Bernard Heller, The 100 Most Difficult Business Letters, Harper Business, 1994.

Vicki Hollett, Business Objectives, Oxford University Press, 1996.

Michael C. Donaldson and Mimi Donaldson, Negotiating for Dummies, IDG Books. 1996.

Marion E. Haynes, Effective Meeting Skills, CRISP, 1999.

Nancy J. Friedman, Telephone Skills from A to Z, Thomson, 2000.

Terri L. Sjodin, New Sales Speak: The 9 Biggest Sales Presentation Mistakes and How to Avoid Them, John Wiley & Sons, 2001.

William Zinsser, On Writing Well: The Classic Guide to Writing Nonfiction, Harper Resource, 2001.

Gareth Knight & Mark O'Neil, Business Explorer I, II, III, Cambridge University Press, 2002.

Mark Powell, Ron Martinez, and Rosi Jillett, New Business Matters, Thomson, 2005.

───日本語文献───

ダクラス・ラミス著／斎藤靖子訳『イデオロギーとしての英語』晶文社 1976年

千野栄一『外国語上達法』岩波新書 1986年

マーク・ピーターセン『日本人の英語』岩波新書 1988年

マーク・ピーターセン『続・日本人の英語』岩波新書 1990年

津田幸男『英語支配の構造』第三書館 1990 年

マーク・ピーターセン『心にとどく英語』岩波新書 1999 年

鈴木孝夫『日本人はなぜ英語ができないか』岩波新書 1999 年

宮内庁編『道―天皇陛下御即位十年記念記録集』NHK 出版 1999 年

浦出善文『英語屋さん――ソニー創業者・井深大に仕えた四年間』集英社新書 2000 年

船橋洋一『あえて英語公用論』文春新書 2000 年

吉原英樹・岡部曜子・澤木聖子『英語で経営する時代――日本企業の挑戦』有斐閣 2001
年

遠山顕『脱・「英語人間」』日本放送出版協会 2001 年

鈴木義里編『論争・英語が公用語になる日』中公新書ラクレ 2002 年

和田秀樹『「英語脳」のつくり方』中公新書ラクレ 2003 年

曾根田憲三・金原義明『シネマ英語の決めゼリフ』光文社 2003 年

本山誠一『新しい上司はアメリカ人――痛快！エクスパット一刀両断レポート』バジリ
コ 2003 年

白井恭弘『外国語学習に成功する人、しない人』岩波書店 2004 年

井上一馬『英語できますか？――究極の学習法』、新潮文庫 2005 年

島田雅彦『おことば 戦後皇室語録』新潮社 2005 年

飯田健雄『現場英語 ビジネス英語は怖くない』桐原書店 2006 年

羽藤由美『英語を学ぶ・教える人のために――「話せる」のメカニズム』世界思想社
2006 年

湯舟英一「長期記憶と英語教育」(1)――東洋大学人間科学総合研究所紀要　第 7 号
2007 年

湯舟英一「長期記憶と英語教育」(2)――東洋大学人間科学総合研究所紀要　第 8 号
2008 年

クレイトン・クリステンセン、マイケル・ホーン、カーティス・ジョンソン／櫻井裕子
訳『教育×破壊的イノベーション』翔泳社 2008 年

白井恭弘『外国語学習の科学――第二言語習得論とは何か』岩波新書 2008 年

山久瀬洋二『言い返さない日本人』IBC パブリッシング 2009 年

カーティン・ガロ／井口耕二訳『スティーブ・ジョブズ驚異のプレゼン』日経BP 2010年

飯田健雄『これならわかる国際経営入門』中央経済社 2010年

白井恭弘『英語教師のための第二言語習得論入門』大修館書店 2012年

小松達也『英語で話すヒント——通訳者が教える上達法』岩波新書 2012年

鈴木孝明・白畑知彦『ことばの習得——母語獲得と第二言語習得』くろしお出版 2012年

里中哲彦『英文法の楽園——日本人の知らない105の秘密』中公新書、2013年

マーク・ピーターセン『実践　日本人の英語』岩波新書 2013年

パッツイ・M. ライトバウン、ニーナ・スパダ著／白井恭弘、岡田雅子訳『言語はどのように学ばれるか』岩波書店 2014年

ラズロ・ボック／鬼澤忍・矢羽野薫訳『WORK RULES』東洋経済新報社 2015年

大畑甲太『英語学習の素朴な疑問と謎——第二言語習得研究からみえるもの』フェリス女子学院大学 2016年

黒田龍之介『外国語を学ぶための言語学の考え方』中公新書 2016年

小西麻亜耶・山元賢治『人生を変える英語力』大和書房 2016年

松浦昌紀編『タスク・ベースの英語指導—— TBLT の理解と実践』大修館書店 2017年

中山哲成・横山カズ『30歳高卒ドライバーがゼロから英語をマスターした方法』IBC パブリッシング 2019年

日経トレンディ 2020年4月号特集「英語最速上達法」

飯田健雄「脳トレにおける第二言語使用と身体運動の効果試論」経営情報研究・多摩大学紀要 No. 24 2020、pp. 127 〜 136

著者　飯田　健雄
（いいだ　たけお）

1951年千葉県生まれ。多摩大学経営情報学部名誉教授。千葉県立匝瑳高等学校卒業。明治大学商学部商学科卒業。明治大学大学院政治経済研究科修士課程修了。オーストラリア・ラトループ大学大学院社会学研究科博士課程修了（Ph.D.）。玉川大学文学部非常勤講師。明治大学国際日本学部兼任講師。明治大学アカデミーコモン社会人講座講師（ビジネス英語担当）。多摩大学経営情報学部教授（1999年〜2019年）、専攻：ビジネス英語、国際経営、多国籍企業論

ビジネス英語の関連著書として、『良い英文Eメール/悪い英文Eメール』中経出版、『現場英語』桐原書店、『ビジネス英語は怖くない』ゼンケンキャリアセンター、『経営者のための簡単ビジネス英語』PHP出版がある。

English Conversational Ability Test
国際英語会話能力検定

● E-CATとは…
英語が話せるようになるための
テストです。インターネット
ベースで、30分であなたの発
話力をチェックします。

www.ecatexam.com

● iTEP®とは…
世界各国の企業、政府機関、アメリカの大学
300校以上が、英語能力判定テストとして採用。
オンラインによる90分のテストで文法、リー
ディング、リスニング、ライティング、スピー
キングの5技能をスコア化。iTEP®は、留学、就
職、海外赴任などに必要な、世界に通用する英
語力を総合的に評価する画期的なテストです。

www.itepexamjapan.com

稼げるビジネス英語
ビジネス英語を学べば英会話能力も向上する！

2020年10月8日　第1刷発行

著　者　　飯田健雄

発行者　　浦 晋亮

発行所　　**IBC パブリッシング株式会社**
　　　　　〒162-0804 東京都新宿区中里町29番3号 菱秀神楽坂ビル9F
　　　　　Tel. 03-3513-4511　Fax. 03-3513-4512
　　　　　www.ibcpub.co.jp

印刷所　　株式会社シナノパブリッシングプレス

ISBN978-4-7946-0639-6